CE QUE JE CROIS

Négritude, Francité et Civilisation de l'Universel

LÉOPOLD SÉDAR SENGHOR
de l'Académie française

CE QUE JE CROIS

Négritude, Francité et Civilisation de l'Universel

BERNARD GRASSET
PARIS

Introduction

Quand les Éditions Grasset m'ont demandé d'écrire un livre pour la collection « Ce que je crois », j'ai accepté sans hésitation. C'est que, déjà au Royaume d'Enfance, je croyais.

Le président Edgar Faure s'en est longuement expliqué, pour les Albo-Européens, *croire* est du domaine de la raison discursive, quand il n'est pas un simple acte de foi, qui ressortit à la religion. Pour nous, Négro-Africains, croire est un acte, plus exactement, une manière d'être, qui engage intégralement l'être, esprit et âme, sans oublier le corps. Et le professeur Edgar Faure, le Méditerranéen, l'a *senti* — c'est le mot juste —, qui lui consacre le dernier chapitre de son essai de la collection « Ce que je crois ».

Or donc, toute ma vie, j'ai cru en certains principes et idées. C'est que je les avais sentis comme des vérités enracinées dans les faits : dans la vie. Et dès les premières années de mon existence sur la terre des hommes. C'est pourquoi je commencerai cette *Introduction* en parlant du *Royaume d'Enfance*.

Je suis né sur les bords de l'océan Atlantique, à Joal, un village du Sénégal, qui, avec l'île de Fadiouth, constitue, aujourd'hui, une commune de quelque quinze mille âmes. Au début du siècle, c'était encore deux gros villages *sérères* d'environ trois mille âmes, qui avaient, pourtant, avec quelques maisons de pierre, bâties à la portugaise, comme celle de mon père, un commissariat de police dirigé par un Toubab, comme nous disions, un « Blanc ». Le nom portugais de *Joal,* qui est un nom de famille, me rappelle qu'il y avait, là, dominant la plage, un de ces nombreux forts que les Portugais, premiers Européens arrivés au XVe siècle, après les Normands, c'est vrai, avaient bâtis sur les sept cents kilomètres de côtes sénégalaises. A leur ombre, ceux-ci avaient établi des comptoirs, où ils se livraient au commerce des « épices », de l'or, de l'ivoire, mais aussi de l'ébène. Cependant, ils ne nourrissaient aucun préjugé racial ni culturel, comme le prouvent les nombreux métissages qu'ils y réalisèrent, dont mon nom de *Senghor,* dérivé de *Senhor,* est l'une des preuves vivantes. Sans parler des gouttes de sang portugais qui, au fond de mes veines, chantent de nostalgiques *saudades.*

Ce que je retiens essentiellement de mon enfance, c'est le triple enracinement dans ma famille et dans les deux villages, complémentaires, de Joal et de Djilor. Celui-là au bord de l'Atlantique, celui-ci sur la rive droite du Sine, un affluent du Saloum, l'un des quatre fleuves sénégalais. Quand je parle de ma famille, il s'agit, plus réellement, de mes deux familles, paternelle et maternelle. Si l'honneur de mon nom me vient de mon père, c'est grâce à ma mère que je suis resté, tout au long de ma vie, enraciné dans la terre noire. Et dans la *Négritude*.

Enfin, je ne savais pas encore que mon nom venait du portugais, avec quelques gouttes de sang européen. Si je l'avais su, j'en aurais, non pas rougi, mais sué. Les *griots,* nos troubadours, m'avaient seulement appris que les ancêtres de mon père appartenaient au grand peuple *mandingue,* dont les *Malinkés,* la tribu la plus guerrière et, paradoxalement, la plus artiste, avaient, venant du Sud, conquis le royaume du Sine il y a plusieurs siècles. Cependant, se comportant en guerriers pacifiques, ils avaient épousé des filles de la noblesse, se faisant Sérères avec les Sérères. Toutes choses que confirme le Père Henri Gravrand, le grand spécialiste de la *Civilisation sérère*.

Mon père, Diogoye, qui signifie « Lion », avait été baptisé du prénom de « Basile ». Ce n'était sans doute pas un hasard. D'origine joalienne, et propriétaire terrien, il s'était fait négociant – la colonisation le voulait –, et il s'était installé à Djilor, au milieu du Sine : de ses vastes terres et troupeaux. Il possédait alors, disait-on, plus de 1 500 vaches. La maison de Djilor était pareille à celle de Joal. Sauf qu'ici, comme dans une *villa* romaine, il y avait un gynécée plus vaste – mon père avait quatre femmes, quoique chrétien –, avec logement pour le personnel domestique. En effet, il y avait, outre le *wharf* sur la rivière, où accostaient les cotres, chargés d'arachides ou de marchandises européennes, une dizaine de chevaux dans les écuries, sans compter les ânes.

Je me rappelle le dernier roi du Sine, le beau Koumba Ndofène Diouf, quand il venait rendre visite à mon père, qu'il appelait *Tokoor*, « mon oncle ». Il arrivait en grand arroi, sur un cheval arabe, un « cheval-du-Fleuve », comme on disait alors. Tandis qu'il chevauchait, quatre griots, également à cheval, l'entouraient, qui chantaient, en chœur polyphonique, la gloire des rois du Sine. Il y avait, entre autres, le chant de la bataille de Fatick, où périt, comme une gerbe parfumée d'orchidées, la jeunesse des *Guelowars,* des « nobles ». Contre les canons français, les jeunes guerriers s'étaient bardés de fer. Pour ne pas fuir, mais se faire tuer sur place, avec le royaume du Sine. Leurs fiancées composeraient, chacune, des « chants gymniques », en l'honneur de son « Noir élancé ».

L'Histoire a retenu ce haut fait. Et moi, leur idéal d'honneur, qui inspirait encore la jeunesse sénégalaise quand j'étais élève au Collège Libermann, comme nous le verrons tout à l'heure. Je voudrais définir, brièvement, ce code de l'honneur sénégalais, dont celui des Sérères était le modèle. Celui des *Sérères* parce que cette ethnie conservait l'état le plus ancien de la langue originaire du « groupe sénégalo-guinéen » — ou « ouest-atlantique », pour parler comme J. H. Greenberg. Je le ferai en employant des mots wolofs. Le *wolof* est certes l'une des langues les moins anciennes du groupe, mais il est compris, sinon parlé, par la majorité des Sénégalais.

La première notion de ce code est le *jom,* que je traduis par « sens de l'honneur ». Le *jom* [1], c'est la conviction qu'on a de sa dignité parce que de son intégrité morale. Conviction fondée sur le fait qu'on a toujours agi comme une personne responsable, qui s'est laissé conduire par ses pensées et sentiments, ses paroles et actes, suivant l'idéal de l' « honnête homme » au sens ancien de l'expression.

Le *jom* est si important pour l'intégrité morale de la personne que, lorsque celui-ci est atteint, si peu que ce soit, il n'est qu'un moyen de le recouvrer : le suicide. Ainsi sacrifie-t-on volontiers sa vie physique, animale, pour sauver, avec son âme, sa dignité d'homme. Le geste d'un palefrenier de mon père m'a hanté toute ma vie pour me rappeler, dans les grandes circonstances, mon devoir. *Koor oxê,* « l'Homme » en langue sérère, comme les villageois appelaient mon père, avait, dans je ne sais quelle circonstance, traité le palefrenier de « menteur ». Quelques heures après, on

---

1. L'alphabet officiel de la république du Sénégal est valable pour les « six langues nationales »; je les cite par ordre alphabétique : le *diola,* le *malinké,* le *peul,* le *sérère,* le *soninké* et le *wolof.* Le malinké et le soninké, qui appartiennent au « groupe nigéro-sénégalais, sont parlés par quelque 500 000 habitants sur 6 000 000 de Sénégalais.

trouvait celui-ci pendu dans sa case. Par ce geste, il s'était placé, pour l'éternité, dans la classe des héros, mieux, des « honnêtes gens », au-dessus de la noblesse de sang. Voici, précisément, les trois principales vertus qui font l'honnête homme. Ce sont la *kersa*, le *teguin* et le *muñ*.

La *kersa*, que l'on traduit, souvent, par « discrétion » ou « pudeur », est, essentiellement, la « maîtrise de soi ». C'est ce qui caractérise aussi bien le jeune homme ou la jeune fille modèles que la grande dame, le noble ou le sage. Le *teguin*, qui est à rapprocher du verbe *teg*, « poser », « placer », « tenir », « conduire », c'est la manière de se tenir et conduire. Ce sont les bonnes manières. Je songe particulièrement à la politesse que l'on rend à chaque personne selon son état, son rang et son mérite. Cette politesse est désignée par le mot *teranga*, qui se rattache au verbe *teral*, « honorer ». Rien ne la définit mieux que ces vers d'un poème wolof :

> *Teral nga buur, teral nga badoola,*
> *Teral nga sa i non.*
> *Teraanga donté xaj, bu la séénéé,*
> *Dal di wicax geen.*

Quant au *muñ*, c'est cette « patience » qui est, plus qu'on ne le croit, une vertu africaine. C'est celle que l'on prête habituellement à notre classe laborieuse d'hommes libres : aux paysans, pasteurs et pêcheurs.

Il reste qu'elle était enseignée, qu'elle l'est encore à notre jeunesse, mais surtout à notre jeunesse studieuse.

Contrairement à ce que pourrait penser un Européen, les années passées à Djilor n'étaient pas tristes. Tout au contraire. C'est pourquoi, dans mes poèmes, je les appelle « le Royaume d'Enfance ». Il y a, d'abord, que ma famille vivait dans une aisance relative. Et puis les vertus que voilà n'étaient pas enseignées dans une classe, par un maître armé de punitions, comme, plus tard, à Ngasobil. L'enseignement était pratique et plaisant, donné qu'il était, tout au long de la journée, par les membres de ma famille, à commencer par mon père, mais surtout ma mère. Et ceux-ci le faisaient beaucoup plus par l'exemple que par les réprimandes, par l'éloge du geste élégant ou de l'acte noble que par la taloche.

Autant que je m'en souvienne, dès l'âge de quatre ou cinq ans, j'étais pratiquement libre. Il est vrai que j'appartenais à la famille de ma mère. Parenté que traduisait l'adage : « C'est le ventre qui anoblit. » Mon « oncle Waly », *Tokoor Waali*, le frère de ma mère, était le chef de la famille. C'était un paysan moyen, qui possédait des champs et un petit troupeau de vaches. C'est lui qui faisait mon éducation, me parlant des choses sérieuses chaque fois que l'occasion se présentait : de Dieu, des Génies, des Ancêtres, mais aussi des vertus de l' « honnête homme ». Et je l'accompagnais parfois, lui ou ma mère, sur le

tombeau de *Djidjak,* le fondateur du village, pour y
faire des libations de lait ou de bière de mil. Et s'il
affirmait, parfois et avec force, sa *séréritude,* c'est qu'il
était d'origine *peule,* comme l'indiquait son nom de
famille, Bakhoum, qui est une variation dialectale de
Bokhoum, fréquent dans la vallée du fleuve Sénégal. Il
est vrai que le métissage n'était pas particulièrement à
la mode. Mon père avait refusé à mon frère Adrien,
l'aîné, brillant élève de l'école secondaire de Saint-
Louis, la chance d'aller faire des études supérieures en
France. On lui avait affirmé qu'il risquait d'y épouser
une « Toubabesse », une Française!...

Si j'appelle ces années « le Royaume d'Enfance »,
c'est, d'abord, à cause de mes escapades avec mes
camarades dans les champs, mais surtout dans les
savanes boisées et les *tanns* [1]. Bien sûr, nous nous
amusions à dénicher les œufs, à faire siffler les frondes
contre les oiseaux. Mais notre plus grande joie, c'était
quand nous causions pieusement avec les Ancêtres,
voire les Génies. Je me rappelle encore, non sans
émotion, le jour où nous avions vu défiler les Morts
de l'Année sur le *tann,* dans la lumière sans ombre du
soleil méridien. Nous les regardions chantant et
dansant en une longue procession, que je me rappel-
lerais, plus tard, en lisant la célébration des mystères

---

1. Le *tann* est une terre plate, sans herbe, au bord de la mer ou
du bras de mer et que recouvre l'eau à l'époque des grandes
marées.

d'Osiris. Nous leur parlions, comme nous le faisions parfois aux animaux de la forêt : aux singes, aux chacals, aux hyènes. Nous n'avions pas encore rencontré les plus nobles : les lions ni les lycaons.

Il reste que les plus grandes joies, les plus pures, nous les trouvions au village : dans les *Contes des Veillées noires* — c'est le titre d'une œuvre de Léon-Gontran Damas — et dans les « chants gymniques », les *kim njom*.

Or donc, le soir, après le dîner, dans une salle du gynécée, se déroulait la veillée sénégalaise. C'était autour d'une nourrice réputée pour son talent de conteuse : et, souvent, une des quatre Dames présidait la soirée. Le conte, en Afrique, est aussi merveilleux que celui des *Mille et Une Nuits*. Roland Colin, un de mes anciens élèves de l'École nationale de la France d'Outre-Mer, lui a consacré, en son temps, un remarquable mémoire. J'en ai retenu qu'aux temps anciens, le conte, qu'on nous présente, aujourd'hui, comme de la prose, était psalmodié, et sur un ton plus haut. Je me rappelle qu'à Djilor, certaines parties du conte étaient chantées, et parfois dansées. Alain Le Pichon, chercheur au CNRS, nous expose un état plus ancien du conte négro-africain dans sa thèse de doctorat d'État, intitulée *De la Parole prophétique à la Parole poétique*.

Cependant, les soirées de lutte envoûtaient encore plus. Après les huit mois passés à préparer les champs, à sarcler les mauvaises herbes, enfin, à

moissonner pour engranger, c'était la « belle saison »
pour les paysans. Celle des jeux gymniques. Alors, au
Sénégal, la lutte était, pour les athlètes, le jeu noble
par excellence. Et la jeune fille n'était accomplie que
si elle avait ajouté, à sa beauté, la qualité de
« chanteuse », de poétesse; que si elle avait composé,
pour son « Noir élancé », c'est-à-dire son fiancé,
« des paroles plaisantes au cœur et à l'oreille ». J'y
reviendrai au chapitre consacré à la poésie et à l'art.
Ces *kim njom,* ces « chants de lutte », resteront gravés
dans ma mémoire. Et ce sont encore eux qui
m'aideront le plus sûrement à retrouver, plus tard,
avec la *Négritude,* le chemin d'une poésie authentique. En attendant, ils m'enchantaient par leur incantation. Ils allaient être l'une des raisons majeures de
ma fierté d'être *Nègre.* Et dès le Séminaire.

En attendant, pressentant, sans doute, que la
Guerre mondiale, déclenchée au début des vacances,
allait remettre en cause la suprématie des Grands
Blancs, mon père s'empressa de m'envoyer à l'école,
accompagné de mon frère Charles, mon cadet d'un
an : à la Mission catholique de Ngasobil, située à six
kilomètres au nord de Joal, sur une falaise blanche,
dominant la mer sonore. Il m'avait confié, l'année
précédente, au Père Léon Dubois, curé de Joal, un
Normand.

A Ngasobil, les Pères du Saint-Esprit avaient
compris que le premier mouvement d'une bonne
éducation consistait à enraciner l'enfant dans son

terroir : dans les valeurs culturelles de son peuple, sinon de son ethnie.

C'est seulement après cet enracinement qu'on pouvait l'ouvrir aux apports fécondants d'autres civilisations, celles-ci seraient-elles considérées comme « supérieures », ainsi que le croyaient les bons Pères. C'est dans ce sens que, plus tard, au Collège-Séminaire Libermann de Dakar, je retiendrai le conseil que le Père-Fondateur avait donné à ses missionnaires, partis pour le continent noir : « Faites-vous Nègres avec les Nègres afin de les gagner à Jésus-Christ. » Conseil qu'on proposera souvent à notre méditation. Ce n'est pas hasard si j'ai préfacé un ouvrage collectif sur le Père François-Marie Libermann.

Toutefois, avant de partir pour Dakar, j'allai faire, à Ngasobil et dans le même esprit, six années d'études primaires. On y pratiquait, déjà, l'éducation biculturelle en deux langues. On nous apprenait à lire et à écrire aussi bien en *wolof* qu'en français. Je dis : d'abord en wolof, selon la méthode graduelle. A lire et à écrire, mais aussi à penser, mais encore à sentir — et dans son corps, et dans son âme. C'est ainsi qu'aux plus grands, on lisait la Bible, traduite du latin de la Vulgate. Un latin populaire, souple et imagé. Ce n'était pas tout. Au réfectoire, on lisait régulièrement, à son heure, un *Traité de Politesse africaine*, sénégalaise. Il s'agissait de former l'homme idéal à réaliser. Au-delà du noble ou de l'homme du monde, il était question de l' « honnête homme » dont nous avons parlé.

Après mes études primaires, j'ai perdu deux ans à réfléchir sur l'orientation que j'allais prendre. Et puis j'ai choisi d'entrer au Séminaire pour être prêtre. En vérité, ces années de réflexion, de maturation n'auront pas été inutiles. D'autant que je rattraperai, plus tard, une année en passant de la classe de troisième à la première.

C'est donc en octobre 1923 que je suis « monté en ville », à Dakar, pour entrer au Collège-Séminaire Libermann. En effet, l'établissement d'enseignement secondaire admettait, d'une part et comme internes, des séminaristes, d'autre part et comme externes, des élèves payants, Sénégalais et Français. L'avantage majeur de la mixité était que le niveau des études égalait, déjà, celui de la France, surtout en français, latin et grec. L'inconvénient, c'est que les professeurs, presque tous des prêtres, appliquaient consciencieusement la *doctrine* gouvernementale — c'est le mot propre —, celle de l'*Assimilation*.

Encore que je l'aie toujours combattue, celle-ci présentait, naturellement, des avantages. C'est ainsi qu'en rédaction et dissertation, comme en explication de texte, les professeurs mettaient l'accent sur les vertus de ce que j'appelle la *Francité*. Ils recommandaient la brièveté de la phrase, d'où doit être exclu tout ce qui n'est pas nécessaire. C'est ce qui fait, commentaient-ils, son élégance. Et ils nous appre-

naient à nous méfier des mots qui n'expriment pas
directement l'idée ou le fait, et d'une façon claire.
C'est dire qu'ils faisaient aussi la chasse aux mots,
expressions et tournures où la mélodie l'emportait sur
la précision. Sans oublier les répétitions rythmées, à
l'africaine. Ils avaient raison. Et ce n'est pas hasard si
le professeur Mohamadou Kane, chef du département
de français à l'Université de Dakar, a recruté, en son
temps, deux jeunes agrégés français de Lettres et de
Grammaire. Leur tâche essentielle était d'entraîner les
étudiants à la dissertation et à l'explication des textes.
C'est que le professeur sénégalais s'était aperçu,
comme jadis les missionnaires français du Collège-
Séminaire, que les vertus de la Négritude, de la
culture négro-africaine, devenaient, sinon des défauts,
du moins des déviations dans un contexte, mais
surtout un texte français. Rien ne le prouve mieux
que ce commentaire d'un de mes anciens aides de
camp. C'était en 1962. J'avais réussi, sans faire tirer
un seul coup de fusil, à surmonter une tentative de
coup d'État. Je fis réunir, dans une caserne, les
principaux officiers supérieurs de la capitale pour les
féliciter en tirant une leçon de l'événement. A la
sortie, mon aide de camp me dit, timidement,
respectueusement : « Monsieur le Président, j'ai été
un peu déçu. » Et moi : « Pourquoi donc? » Et lui :
« C'est que vous leur avez parlé simplement, sans
aucune de ces formules dont vous avez le secret. »
Voulant le convaincre, je lui expliquai : « Voyez-

vous, mon ami, s'agissant des responsables au plus haut grade de l'Armée nationale, je n'avais pas à faire appel à leurs sentiments, mais à leur raison : à leur jugement. »

Cela dit, à côté des avantages que voilà, le Collège-Séminaire avait le grave défaut de nous déraciner du terroir de nos valeurs : de nous faire croire que la culture française, c'est-à-dire l'esprit de la civilisation, était supérieure à celle de l'Afrique noire. Et le Père-Directeur, le Père Albert Lalouse, aggravait ce déracinement en voulant cultiver, dans nos esprits, un complexe d'infériorité. Il le faisait sans ménagement, encore qu'avec bonté, en répétant, dans les grandes circonstances, que le but de l'enseignement secondaire était de faire de nous des « assimilés » : non pas des Blancs – la couleur n'importait pas –, mais « des Français à peau noire ». Le plus grave était qu'en reprenant les thèses de l'Administration coloniale, le Père-Directeur était sincère. J'irai jusqu'à dire que je lui dois, malgré tout, l'essentiel de ma culture française : cet « esprit de méthode et d'organisation » que j'ai essayé d'assimiler tout au long de mes études.

Et pourtant, c'est contre ce but de l'*Assimilation*, avec le programme et la méthode qui en découlent logiquement, que je m'insurgeais – respectueusement, mais sans ambiguïté. D'autant que, toujours dans les grandes circonstances, le Père-Directeur y ajoutait des réflexions blessantes. Ce qui mérite une explication supplémentaire. A force de regimber, j'étais devenu, officieusement, le porte-parole des séminaristes. Et il m'arrivait de demander, en leur nom, l'amélioration de l'ordinaire ou du couchage. Toujours, le Père Lalouse m'opposait le « fait », précisait-il, que, dans notre brousse, nous couchions sur des lits durs, sans matelas ni drap. Ce qui n'était pas vrai dans tous les cas. L'aurait-il été, ce n'aurait pas été une raison pour nous refuser le progrès. Et au nom de cette « Civilisation française » vers laquelle on voulait, précisément, nous conduire. En vérité, quand je m'insurgeais contre les paroles blessantes, que je présentais des revendications, je me référais moins à la « civilisation française » qu'à la civilisation africaine, poussé que j'étais par « le primat de la susceptibilité et de l'honneur », pour parler comme Leo Frobenius, l'africaniste allemand. Je me rappelais, non sans fierté, les visites du roi Koumba Ndofène Diouf à mon père : l'échange des cadeaux et la noblesse des propos. Noblesse parce qu'élégante simplicité. Je me rappelais surtout les « contes des veillées noires » et les « chants gymniques » : qu'ils étaient caractérisés par la beauté des sentiments. Je veux dire : *par leur expression, qui faisait leur beauté.*

De guerre lasse, le Père-Directeur me convoqua, un jour, pour m'annoncer, avec une ferme bonté, que le sacerdoce n'était pas ma vocation. La première vertu d'un prêtre était l'« esprit d'obéissance », que je n'avais pu acquérir. Tout n'était pas cependant

perdu, ajoutait-il pour me consoler. Et il me conseillait d'aller continuer mes études à l' « école secondaire » officielle, qui allait devenir le « Lycée Van
Vollenhoven », puis le « Lycée Lamine Guèye ».

J'obéis, bien sûr, mais en pleurant toutes les larmes
de mon corps. Ma volonté d'entrer dans les ordres
était d'autant plus sincère qu'avant d'être admis au
séminaire, j'y avais réfléchi pendant deux ans. C'est
que la vocation sacerdotale tenait non seulement à
mes idées, mais, plus profondément, à mon caractère,
mieux, à mon tempérament. J'aimais, déjà, prendre
mes responsabilités. Il s'y ajoute que le prêtre est, peu
ou prou, un professeur. Et, au séminaire, je me voyais
ainsi : professeur dans un séminaire. Il y a surtout que
Nègre, et revendiquant ma *Négritude* — le concept,
mais pas encore le mot —, je réagissais en « Fluc-
tuant » comme disent les caractérologues, et très tôt.
Lors de ma première communion, que je fis à dix ans,
dans la ferveur, on nous présentait le bonheur du ciel
comme la contemplation de Dieu : d'un vieillard
blanc à barbe blanche. Je trouvais cela bien pâle et
monotone. Et, sans me rendre compte de ce que les
missionnaires auraient considéré comme une hérésie,
je rêvais que le bonheur du ciel consistait à chanter en
dansant devant le trône de Dieu, comme David. De
chanter avec les Anges, en chœur polyphonique. Et
nos ailes étaient bleues, et rouges, et diaprées. Et
pourtant, je ne savais pas, alors, que le plain-chant et
la polyphonie étaient d'origine africaine.

C'était, là, le premier signe de mon goût pour les Lettres et les Arts. Pour la *poésie,* au sens étymologique du mot, comme l'entendaient les anciens Grecs, mais aussi les Sénégalais. Comme le dit, encore une fois, notre peuple, en identifiant « chant » et « poème », ce sont des « paroles plaisantes au cœur et à l'oreille ».

C'est dire que je *crois,* d'abord et par-dessus tout, à la culture négro-africaine, c'est-à-dire à la Négritude, à son expression en poésie et dans les arts. Mais cette culture est fille du tempérament et, partant, de la biologie, comme de la préhistoire et de l'histoire africaines. Nous commencerons donc par la Préhistoire, pour laquelle je me suis passionné quand, dans les années 1930, je suivais les cours de l'Institut d'Ethnologie de Paris, très précisément ceux du professeur Paul Rivet, fondateur du Musée de l'Homme. Je crois également, pour l'avenir, à la Francophonie, plus exactement, à la Francité, mais intégrée dans la Latinité et, par-delà, dans une Civilisation de l'Universel, où la Négritude a déjà commencé de jouer son rôle, primordial.

1

La Préhistoire africaine

Mais pourquoi commencer par là ? C'est le simple bon sens que, dans la connaissance de l'Homme – de son émergence de l'animal et de son développement –, la *Pré-histoire*, comme le dit son étymologie, précède l'Histoire. Il y a surtout que, pour l'Afrique, la Préhistoire est plus importante peut-être que l'Histoire, comme nous allons le voir. Il est vrai que la naissance, puis la consécration de la Préhistoire sont récentes relativement. Celle-ci n'intervint qu'en 1859, couronnant ainsi l'épopée scientifique de celui qui avait été son héraut, Boucher de Perthes. Encore ne s'était-il agi, à Abbeville, que d'une simple « réunion » et non d'un « congrès ».

Malgré les préjugés entretenus encore au milieu du XIXe siècle pour justifier la « Traite des Nègres », qui venait d'être abolie, et surtout la colonisation, qui allait s'étendre en se consolidant, l'Afrique entra, en son temps, elle aussi, dans la Préhistoire, comme le signale le « Premier Rapport d'Ensemble sur la Préhistoire en Afrique de l'Ouest », daté de l'entre-

deux-guerres et d'où j'extrais les lignes que voici :
« L'on aurait tort de croire que la recherche préhistorique fut d'abord localisée dans la seule Europe. Dès
les premiers moments, l'Afrique atteste d'une présence humaine très ancienne et d'innombrables revues
gardent le témoignage d'intéressantes découvertes dès
le milieu du siècle dernier. » L'auteur du rapport
aurait pu ajouter que Darwin lui-même, le géologue
et biologiste anglais, qui créa la théorie de l'*évolution-
nisme*, conseillait de chercher les origines de l'Homme
en Afrique. « Il y a cent ans, précisait le préhistorien
Louis Leakey, Darwin a dit : " Cherchez-y l'origine de
l'Homme. " Mais la plupart des scientifiques sont
allés la chercher en Orient. » Il n'empêche qu'il aura
fallu attendre un siècle encore pour voir les préhistoriens s'intéresser sérieusement à notre continent. « Au
cours des derniers cinquante ans », précise Pierre
Teilhard de Chardin dans un article intitulé *l'Afrique
et les Origines humaines*, « j'aurai vu la question
posée, tour à tour, par mes maîtres ou collègues :
d'abord à l'Europe occidentale; puis à l'Asie au nord
de l'Himalaya; puis à l'Indonésie. Et toujours sans
succès. Fait curieux, personne, en ce temps-là, ne
paraissait encore songer à interroger l'Afrique, regar-
dée apparemment comme trop sauvage pour avoir
jamais eu à faire avec les débuts de l'Humanité [1]. »

---

1. Pierre Teilhard de Chardin, *l'Apparition de l'Homme*, Seuil,
Paris, 1956, pp. 227 et 278.

Comme à dessein, c'est à la veille et au lendemain des massives indépendances de la décennie 1960 que la Préhistoire africaine, faisant sa révolution, s'est imposée ou, plus exactement peut-être, a imposé l'Afrique comme berceau de l'humanité. Elle y a été, d'ailleurs, aidée par une plus grande facilité de datation grâce au carbone 14 et surtout au potassium-argon. L'emploi du premier date des années 1950, mais, comme ce n'était valable que pour les fossiles d'origine végétale ou animale, et surtout qu'il perdait sa précision au-delà de trois mille ans, il a fallu lui substituer une autre méthode, qu'on a trouvée avec le potassium-argon.

Or donc, depuis quelque trente ans, s'est levée une pléiade de préhistoriens de grande valeur qui se sont spécialisés sur l'Afrique : des Sud-Africains, bien sûr, mais aussi des Français, des Anglais, des Américains. En ouvrant, le 1er décembre 1967, le VIe Congrès de Préhistoire africaine, je les saluai en ces termes : « C'est vous... qui, depuis quelques décennies, avez formulé les trois propositions que voici, en les appuyant sur des faits scientifiquement établis : 1. c'est le climat de l'Afrique qui était le plus favorable aux Primates anthropoïdes et, partant, à l'Homme; 2. c'est l'Afrique qui possède les plus vieilles industries lithiques; 3. c'est en Afrique qu'on a retrouvé les plus vieux squelettes humains fossiles. C'est l'occasion, pour nous, de rendre un hommage attentif aux trois pionniers, aux grands découvreurs

que sont les professeurs Arambourg, Leakey et Van
Riet-Lowe. > Il faudrait, aujourd'hui, compléter cette
liste, et d'abord par les noms d'Henri Breuil et Pierre
Teilhard de Chardin, qui furent des précurseurs parce
que les premiers interrogateurs de l'Afrique. Le fait est
d'autant plus significatif qu'il s'agit, ici, de deux
prêtres catholiques, qui nous donnent, pour ainsi dire,
une lecture moderne de la Bible et qui ne furent pas,
pour cela, condamnés par le Vatican. Je mentionnerai
également, à côté des trois premiers que j'ai cités, les
noms de Louis Balout, Yves Coppens et Clark Howell.
Last, but not least, le Premier Congrès international de
Paléontologie humaine, qui s'est tenu à Nice, en
octobre 1982, a confirmé que l'Homme avait émergé
de l'animal en Afrique, il y a quelque 2 500 000 ans,
et que, depuis lors, ce continent était resté < aux
avant-postes de la civilisation >, jusqu'à l'*Homo
sapiens*. Je dis, comme nous le verrons, jusqu'à
l'invention de la première écriture par les Égyptiens, au
IVe millénaire avant notre ère.

   Je voudrais donc, après en avoir fait une lecture
négro-africaine, tracer, à grands traits, la préhistoire
de l'Afrique, du Paléolithique à l'invention de l'écriture, en m'arrêtant aux faits les plus significatifs, pour
les commenter. J'en profiterai pour essayer d'insérer
l'épopée de l'*Homo africanus*, de l'Homme africain,
dans la révolution permanente que constitue l'évolution du phylum humain : de la lignée humaine. De
l'Homme africain, sans oublier celui de l'Europe

méridionale, ni surtout celui du Proche-Orient, avec lesquels il s'est si souvent métissé, qu'il s'agisse de biologie ou de culture. Je commencerai par ceux qu'on appelle les *Hommes debout*.

**

Je ne remonterai pas, d'emblée, aux Lémuriens et Tarsidés du début du Tertiaire, à quelque 70 millions d'années en arrière, mais à l'année 1924, où fut découvert le premier crâne d'Australopithèque à Taungs, en Afrique du Sud. Après douze ans de recherches dans le silence, les préhistoriens sud-africains se mirent à annoncer une série de découvertes d'autres Australopithécinés : en 1936, 1938, 1946, 1947, 1948, 1949, 1953, 1954, etc. J'ai dit « Australopithécinés », car les Australopithèques ou « Singes du Sud » sont polymorphes et, partant, divisés en plusieurs espèces. Pour m'en tenir, d'abord, à ceux de l'Afrique du Sud, on y distingue les Plésianthropes, les Paranthropes, les Télanthropes, etc. On trouve des Australopithécinés dans d'autres régions de l'Afrique : en Angola, mais surtout en Afrique orientale, où Louis Leakey a découvert deux espèces d'Australopithèques, auxquelles il a donné respectivement les noms de Kenyapithèque, « Singe du Kenya », et de Zinjanthrope, « Homme de Zinj ».

Ce qui frappe, au premier abord, dans la découverte des fossiles d'Australopithèques, c'est leur nombre. On a l'impression que, sur les cinq cents kilomètres qu'ils occupaient du Nord au Sud, ils couvraient l'Afrique australe et centrale d'un peuplement dense. Bien sûr, les Australopithèques posent d'autres problèmes, dont celui que voici, capital. Sont-ils des singes anthropoïdes ou des hominidés, c'est-à-dire des hommes primitifs, les premiers êtres émergés de l'animalité et pensants? Les savants penchent généralement pour la première hypothèse, et ils ne manquent pas d'arguments.

Mais, d'abord, à quand faut-il les dater? Encore que les préhistoriens ne soient pas tous d'accord, et c'est naturel, la majorité nous donne le chiffre de 4 millions d'années pour les Australopithèques. S'il fallait les rattacher au phylum qui a abouti à l'Homme, soit aux débuts de l'hominisation, il faudrait alors parler de 40 millions d'années.

La deuxième question qui se pose est celle de la morphologie des Australopithèques. Celle-ci se caractérise par une série de transformations dans le sens de l'humain, qui touchent le tronc, les mains, les dents, voire le cerveau. Les Australopithèques sont des bipèdes qui se tiennent et marchent debout, mais penchés en avant. Cette stature leur est facilitée par le fait que leur pelvis est comme celui de l'homme, où les intestins reposent dans un bassin. Leurs mains s'assouplissent et ont des gestes plus précis que ceux des simples singes, grâce, en partie, au pouce, qui s'allonge.

Cependant, l'évolution de ces singes anthropoïdes est comme freinée quand il s'agit des dents et surtout du cerveau. Contrairement aux hommes, ils ont développé leurs molaires et prémolaires, tandis qu'ils réduisaient leurs canines, comme des herbivores. Quant à leur cerveau, sa capacité est de 500 cm^3 quand elle sera de 900 cm^3 pour les Pithécanthropes, de $1\,400 \text{ cm}^3$ pour les hommes de Néanderthal et qu'elle est d'au moins $1\,500 \text{ cm}^3$ pour les hommes d'aujourd'hui.

Reste la question de la *pebble industry*, de l' « industrie du caillou », si l'on peut dire. Je dis « si l'on peut dire », car il s'agit à peine d'une industrie. On l'a trouvée aussi bien en Afrique orientale, dans la vallée de l'Omo et à l'est du lac Rodolphe, qu'en Afrique australe, au niveau des fossiles d'Australopithèques. C'est la plus vieille industrie du monde. On l'a même trouvée au Maghreb, où l'on n'a pas encore découvert de fossiles d'Australopithèques. Il s'agit de galets de quartz ou de silex, grossièrement épointés plutôt que taillés. Il ne s'agit pas encore des bifaces, travaillés, et autres hachereaux.

Si la *pebble industry* témoigne d'une certaine intelligence chez les Australopithèques, elle prouve, en même temps, que cette intelligence ne s'était pas encore élevée au niveau de l'Homme. C'est la principale raison qui, en définitive, a fait ranger les

Australopithèques parmi les Primates infra- ou para-humains. Ce qu'ont confirmé les découvertes faites, depuis les années 1960, en Afrique orientale. Je n'oublierai pas les comparaisons faites, auparavant, avec les Pithécanthropes. Je continuerai par ceux-ci.

En 1955, cinq crânes de Pithécanthropes avaient été, depuis 1890, découverts à Java. Vivant au début du Quaternaire, il y a 700 000 ans, le Pithécanthrope, comme l'indique son étymologie de « Singe-Homme », n'est pas encore tout à fait un homme, mais un *hominidé*. Il représente un rameau *préhumain*, sa capacité crânienne le prouve, qui est de quelque 900 cm³. Si l'on n'a pas vu d'outils associés aux crânes, c'est que les gisements où ont été trouvés ceux-ci ne s'y prêtaient pas, composés qu'ils étaient de vase déposée par un cours d'eau.

Le Sinanthrope ou « Homme de Chine », que l'on désigne aussi sous l'expression d' « Homme de Pékin », a été découvert en 1922. Daté d'une centaine de milliers d'années, il a, comme le Pithécanthrope, un petit crâne de quelque 1 000 cm³, bas et allongé avec un fort bourrelet de l'occiput. Le Sinanthrope, qui appartient à l'espèce des Pithécanthropinés, semble avoir été un hominidé supérieur, un être pensant, puisqu'on a trouvé, à côté de ses fossiles, des pierres taillées, grossièrement il est vrai, mais surtout des traces de feu sous forme de cendres.

En comparant les Australopithèques et les Pithécanthropes, l'idée est venue à nombre de préhistoriens que c'est en Afrique, au sud du Sahara, et en Indo-Malaisie qu'il fallait aller chercher les origines de l'Homme puisque c'est là qu'étaient apparus, et les premiers Pré-Hominiens, et les premiers Hominidés, jusqu'à la découverte du feu. Mais il leur semblait que, malgré le Sinanthrope, il manquait un maillon à la chaîne qui allait de l'Australopithèque à l'*Homo sapiens* : il manquait un homme intégral, vraiment digne du nom *Homo*. Comme le dit Teilhard de Chardin dans une note parue, en juin 1950, dans la revue *Études*, « de ce point de vue, les Australopithèques représenteraient, à la fin du Tertiaire, pour l'Afrique du Sud et à un niveau pré-humain, ce que les Pithécanthropiens (Pithécanthrope, Méganthrope, Sinanthrope, etc.) semblent avoir été, au Quaternaire inférieur, en Extrême-Orient et sur le versant humain, non point la tige principale, mais un rameau marginal [1]. » Le philosophe, qui, même en paléontologie, cherche toujours l'idée sous les faits, avait écrit auparavant : « Dans ces conditions ... je me demande si ... la meilleure interprétation actuellement possible des Australopithèques ne serait pas de les regarder, non point exactement comme un *missing link* [2] dans la chaîne humaine, mais plutôt comme un groupe intercalaire particulièrement significatif (comme " un essai d'Homme ", oserai-je dire) apparu au Pliocène sur le tronc des Primates supérieurs et

1. *L'Apparition de l'Homme, op. cit.*, p. 181.
2. En anglais, « chaînon manquant ».

disparu ultérieurement, sans monter plus haut, ni laisser de traces. »

C'est précisément ce *missing link* qui allait être trouvé en Afrique. On le doit à Louis Leakey et à sa famille, qui ont, en 1963, découvert l'*Homo habilis*. Mais, avant de nous arrêter, pour le définir, à celui-ci, il nous faut encore signaler, chez les Australopithèques, à côté de l'anthropoïde moyen, robuste, et même géant, le *Paranthropus crassidens*, une espèce « plus gracile », comme disent les préhistoriens. Au demeurant, ce type se rencontre surtout en Afrique orientale, où on le trouve à côté des types massifs que sont le Zinjanthrope, le Paranthrope et autres Paraustralopithèques. La dentition de ces derniers présente les caractères que j'ai signalés, plus haut, chez les Australopithèques et qui en font des herbivores. La seconde espèce était plus petite – de 1,20 m à 1,40 m –, avec un crâne d'une plus grande capacité, des molaires et prémolaires plus petites, mais des canines et incisives plus développées. C'est dire que l'*Homo habilis* était omnivore. C'est l'occasion de signaler qu'Yves Coppens a découvert une espèce d'*Homo habilis* au Tchad et qu'il l'a, pour cela, appelée *Tchadanthropus uxoris*, l' « Homme tchadien de l'Épouse ». Tandis que les Australopithèques s'éteignaient faute de s'adapter activement, d'une façon créatrice, à leur environnement, l'*Homo habilis* surgissait de l'écaille de la seconde espèce que voilà et devenait l'*Homo erectus*.

Celui-ci, émergé il y a quelque 2 700 000 ans, avait un crâne rond de 750 à 1 000 cm³, des mains plus souples avec un pouce plus long encore, des pieds à la voûte plantaire bien dessinée. Et il fabriquait des armes : non plus des pierres ébréchées, mais des bifaces taillés, qui permettaient à cet omnivore de tuer le gibier pour s'en nourrir parmi d'autres aliments. L'*Homo erectus* savait même allumer du feu, construire des abris sinon des villages.

Ici se pose la question dont Teilhard de Chardin a traité, après d'autres préhistoriens, dans deux articles intitulés respectivement *la Paléontologie et l'Apparition de l'Homme* et *la Structure phylétique du Groupe humain*. La question est celle que voici. Nous avons vu, plus haut, les Australopithécinés et les Pithécanthropinés se développer en espèces diverses, puis, malgré cela, finir par disparaître quand d'autres genres surgissaient pour les éliminer ou, du moins, vivre plus vivaces, plus puissants à côté d'eux. Comment expliquer ce mystère? C'est que, répondent les anthropologues, comme le rapporte Jacqueline Giraud, « le rameau des Hominiens est, en fait, un buisson hérissé de branches mortes [1] ». Teilhard de Chardin préfère parler d' « écailles ». Il écrit : « De la série des Primates (comme de l'assemblage de tous les vivants, du reste), on pourrait dire qu'elle ressemble à une de ces branches de conifère dont tous les

---

1. *L'Express*, 18-24 mai 1970.

éléments, du plus gros au plus petit, sont uniformé-
ment recouverts de feuilles ou d'écailles imbri-
quées [1]. » Dans le second texte, il va plus loin dans
l'explication. Je le résume. Or donc, de chaque
branche partent des écailles, qui, après s'être développées de façon autonome, meurent l'une après l'autre,
tandis que la tige, continuant dans son axe, se
développe, par mutations successives, dans le sens
d'une évolution dirigée vers toujours plus de concen-
tration et de « complexification » neurocérébrales,
c'est-à-dire vers plus de réflexion et de conscience, qui
ont amené l'*Homo habilis* à devenir un *Homo erectus*.
N'utilisant plus de simples objets, de simples moyens
choisis dans la nature, améliorés, au besoin, par
une retouche grossière, l'Homme est devenu, avec
la fabrication des bifaces, hachereaux et autres
outils, avec l'invention du feu et la construction des
huttes, un industriel : le créateur d'un monde nouveau.

Mesurons donc cette distance qui sépare l'Homme
de l'aube de l'hominisation sinon de la vie. Si nous
partons, non pas de l'émergence des Primates, il y a
50 millions d'années, mais des singes oligocènes
d'Égypte au Tertiaire, il y a 20 millions d'années,
nous pouvons suivre maintenant, étape par étape, la
montée de la vie, en Afrique, vers la réflexion et la
conscience. Comment expliquer ce phénomène? C'est

1. *L'Apparition de l'Homme, op. cit.*, p. 76.

que l'Afrique présentait les meilleures conditions géographiques d'environnement. L'Afrique, c'est-à-dire la partie tropicale et paratropicale, au Sud comme au Nord. L'Afrique et son prolongement oriental, indo-malais. Encore faudra-t-il, pour que la vie se développe jusqu'à la conscience, en Afro-Indo-Malaisie, qu'elle trouve les conditions favorables sous les Tropiques : la savane et non la forêt, les plateaux de préférence aux montagnes. C'est pourquoi elle s'est développée effectivement en Afrique du Sud, mais surtout en Afrique orientale ainsi qu'en Indonésie, mais plus sûrement en Inde. Elle s'est développée depuis les Parapithèques et Propliopithèques égyptiens jusqu'à l'*Homo erectus* de l'Omo, de la « Vallée fertile », en passant par les formes intermédiaires que furent les Ramapithèques, Oréopithèques, Australopithèques et Pithécanthropes. Il est significatif que toutes ces formes, sauf l'Oréopithèque, trouvé en Italie, et le Ramapithèque, trouvé en Asie, aient d'abord émergé en Afrique, où l'on trouve également l'étape suivante, celle des *Hommes de l'Industrie*.

***

Le fait, comme le signale Teilhard de Chardin, que l'Oréopithèque a été trouvé dans le Sud de l'Europe souligne l'importance, pour la Préhistoire, des migrations. Donc, avant même le Paléolithique, les Hominidés seraient montés de l'Afrique vers l'Europe et l'Asie. La date des migrations est reculée, aujourd'hui, jusqu'à l'*Homo erectus.*

La majorité des préhistoriens, mais surtout les Africanistes, reconnaissent que, dans l'état actuel de nos connaissances, il est difficile de tracer des limites précises entre le Tertiaire et le Quaternaire, entre le Préchelléen et le Chelléen, voire entre le Levalloisien et le Moustérien. Ce qui demeure important en Afrique, c'est l'Homme. C'est pourquoi, présentés les hommes du Paléolithique inférieur, l'*Homo habilis* et l'*Homo erectus*, nous aborderons l'espèce suivante sur la lignée humaine : l'*Homme de Néanderthal*, dont les origines peuvent remonter jusqu'à quelque 150 000 ans. Comme on le sait, les préhistoriens africanistes, réunis en congrès, ont décidé d'abandonner la vieille chronologie, inventée pour l'Europe, et ils en ont adopté une nouvelle. Au lieu de l'ancienne division en *Paléolithique, Mésolithique* et *Néolithique*, ils distinguent, dans la Préhistoire, le *Early Stone Age*, le *Middle Stone Age* et le *Late Stone Age* [1]. Pour ne pas dérouter les lecteurs, je tiendrai compte des nouvelles divisions, mais en français. Je m'étonne, au demeurant, que les africanistes francophones aient accepté, en l'occurrence, la terminologie anglaise et non la française, qui doit sa supériorité, entre autres, au fait qu'elle dérive du grec, qui est une langue plus riche, mais surtout plus précise. J'y reviendrai.

---

1. En français, le « Premier Age de la Pierre, le Moyen Age de la Pierre, le Dernier Age de la Pierre ».

Le premier exemplaire de l'Homme de Néanderthal a été découvert en 1856, dans la vallée du Neander, dans l'Ouest de l'Allemagne. Marcellin Boule nous l'a présenté comme un petit homme de 1,55 m, trapu avec une grosse tête comparable à celle de l'homme moderne. Mais l'Homme de Néanderthal y joignait, sous un front bas et fuyant, d'énormes arcades sourcilières formant comme un bourrelet; et, pour terminer, une forte mâchoire au menton presque absent. La capacité crânienne, de 1 400 cm^3, qui s'est développée depuis l'*Homo erectus*, prouve le développement de l'intelligence. Et de fait, c'est l'Homme de Néanderthal qui, plus que ses deux prédécesseurs, mérite le beau nom d'*Homo faber*, d' « Homme créateur ». Il a créé la nouvelle industrie appelée « moustérienne », qui, grâce à une nouvelle technique de la taille, permet d'obtenir avec plus de précision les formes que l'on désire. Bien sûr, un nouvel outillage, plus varié, avait contribué à ce progrès technique, composé qu'il était de couteaux, lames, perçoirs, racloirs, etc. Enfin, les Néanderthaliens, d'après certains indices, auraient enterré leurs morts. Ce qui indiquerait, avec un sentiment religieux, le sens de l'au-delà. Cependant, on ne leur doit pas la création de l'*Art*, et c'est là un détail important.

Le genre néanderthalien est l'un de ceux qui ont fourni le plus de fossiles. On en a trouvé dans plusieurs pays européens, dont la France, la Belgique, l'Allemagne, l'Espagne, l'Italie. On en a trouvé,

comme on pouvait s'y attendre, en Asie et en Afrique.
En Asie, c'est l'Homme de Solo, à Java, et surtout
l'Homme du mont Carmel, considéré comme une
espèce progressive.

Reste l'Afrique. Les préhistoriens africanistes ont
signalé, en son temps, le crâne désigné sous l'expression d'*Homme de Rhodésie*. Est-ce tout pour l'Afrique
du Sud? Pas exactement. Ils ont remarqué, et signalé,
après la période de la *pebble industry,* une sorte
d' « apogée acheuléenne » des industries à bifaces.
Comme le note Teilhard de Chardin, « considérée
dans son ensemble, l'évolution de l'industrie lithique,
en Afrique méridionale et centrale, est remarquable-
ment claire et continue. Depuis les cailloux grossièrement épointés de la *pebble industry* jusqu'aux fins
outils du *Middle Age,* en passant par la longue
gamme des bifaces (" abbevilliens ", " acheuléens ",
" micoquiens "), l'art d'utiliser d'abord les galets,
puis leurs éclats se poursuit dans la région avec une
impressionnante régularité [1] ». C'est ce que confirment les africanistes qui ont écrit le premier tome de
l'*Histoire générale de l'Afrique* [2], particulièrement
J. D. Clark et J. E. G. Sutton. Le premier, en signalant les sites du *Middle Stone Age* — Saldanha, Broken
Hill, etc. —, s'arrête sur la révolution technologique de
cet âge, qu'il essaie de définir. La vieille technique de

---

1. *L'Apparition de l'Homme, op. cit.,* p. 241.
2. Éditée par *Jeune Afrique,* Stock et l'Unesco.

la fabrication des bifaces par « enlèvement d'éclats »
est remplacée par une technique plus complexe et,
partant, plus efficace, qu'il appelle celle du « nucléus
préparé ». Elle consiste, précise J. E. G. Sutton, « en
une préparation du nucléus par enlèvement précis
d'éclats pour lui donner la forme et la taille requi-
ses ». Les conséquences pratiques en sont importan-
tes : non seulement les outils sont plus variés, plus
parfaits, plus maniables, mais on peut les emmancher
plus facilement dans du bois, des os, des cornes, etc.
Il fallait que, pour cela, les hommes se soient servis
du feu, de la gomme, de la résine et d'autres
substances végétales, animales ou minérales. C'est
ainsi que l'industrie de la pierre, après s'être enrichie
de l'ostéodontokératique, a étendu son règne aux
végétaux et même au feu.

En effet, avec les changements résultant de l'alter-
nance de l'humidité et de la sécheresse, de l'avance et
du recul des forêts comme des eaux, la pression
démographique des hommes et des animaux s'était
accentuée. Ce qui avait suscité, en même temps que la
révolution que voilà, de nouvelles espèces d'hommes
avec de nouvelles *civilisations* — on peut employer le
mot —, qui sont, au Paléolithique moyen et dans les
Afriques australe, orientale et centrale, le Sangoen et
le Fauresmithien, le Lupembien et le Stillbayen, le
Magosien enfin. Pour caractériser ces industries, on
n'a pas seulement trouvé des objets de pierre, d'os et
de corne, avec des murettes et des cendres; on a

trouvé des hommes fossiles néanderthaloïdes. Ce sont, en Afrique du Sud, les hommes de Saldanha, de Boskop, de Broken Hill; en Afrique orientale, les hommes de Diré-Daoua et d'Oldoway.

Au même moment, l'Afrique du Nord, comme dans les âges précédents, accompagnait le mouvement de la révolution moustérienne. Il y a, d'abord, les hommes, les Néanderthaliens de Djebel Irhoud, de Rabat, de Témara et de Tanger, mais aussi ceux qui ont laissé le cairn du monument mégalithique d'El Guettar. Il y a surtout leur industrie, dont les formes se caractérisent par un remarquable foisonnement, où l'on trouve des couteaux, lamelles et burins, grattoirs et racloirs, pointes et poinçons pédonculés, sans parler des formes géométriques : angles, triangles et trapèzes. Cependant, à y regarder de plus près, les préhistoriens africanistes ont constaté que le Moustérien maghrébin ne correspondait pas exactement à celui d'Europe, pas plus qu'à celui de la grande région de l'Afrique australe, orientale et centrale. Il s'étendait du Levalloisien à l'Aurignacien, c'est-à-dire de la fin du Paléolithique inférieur au début du Paléolithique supérieur. Pour quoi on lui a donné un nouveau nom : l'Atérien.

Je ne m'arrêterai pas sur le Moustérien du Sahara et de l'Afrique occidentale, sinon pour signaler que l'Atérien s'est étendu au Sahara et qu'en Afrique occidentale, comme le dit T. Shaw, « les industries appartenant au *Middle Stone Age* ont été identifiées avec moins de certitude que dans le reste de l'Afrique subsaharienne [1] ».

Je ne quitterai pas le Maghreb sans signaler le correspondant égyptien de l'Atérien, le Sébilien, qui présente les mêmes caractères de mixité. Je mentionnerai, en même temps, les faciès voisins du Moustérien du Proche-Orient, dont l'industrie est l'œuvre, si l'on en croit Raymond Furon [2], de l'Homme de Galilée et de ses semblables. Ceux-ci mêlaient les caractères de l'Homme de Néanderthal à ceux de l'*Homo sapiens*. Il est donc temps d'en venir à celui-ci, c'est-à-dire aux « Hommes de la Conscience ».

J'entends par « Hommes de la Conscience » les Africains du Dernier Age de la Pierre, qui correspond au Paléolithique supérieur, au Mésolithique et au Néolithique. Ces Hommes, réagissant aux transformations de l'environnement et s'appuyant sur les progrès technologiques du Moyen Age de la Pierre, accompliront une dernière révolution. Celle-ci, à travers l'art, les mènera, les premiers, à la civilisation écrite. C'est qu'ils auront continué de développer, en eux, la conscience par-delà la réflexion. La conscience,

1. *Histoire générale de l'Afrique*, I, p. 654.
2. *Manuel de Préhistoire générale*, Payot, 1958, p. 230.

c'est-à-dire la connaissance, bien sûr, de leur environnement naturel et social, mais encore de leurs propres sentiments et pensées, surtout de leurs moyens techniques. Il s'agit, pour eux et plus efficacement qu'auparavant, de réaliser leurs objectifs matériels, comme moyens ultimes, majeurs, pour atteindre leur fin idéale : spirituelle.

Comme on le remarquera, les liaisons et autres influences réciproques qui se sont développées entre les différentes régions et industries africaines ne feront que s'accentuer. Et, peu à peu, millénaire après millénaire, se dégagera, de ces différents faciès, une « Civilisation africaine », pour parler comme Leo Frobenius, dont je me suis efforcé, souvent, de dégager les lignes de force. Une civilisation qui, encore une fois, s'étendra au Proche-Orient. Nous passerons donc en revue les différentes régions, en soulignant les identités ou, du moins, les similitudes dégagées entre celles-ci.

A commencer, là encore, par la grande région de l'Afrique australe, orientale et centrale, je m'attacherai à dégager, surtout, les traits communs de ces industries. Je rappelle que la fin du Moyen Age de la Pierre et le début du Dernier s'accompagneront d'une récurrence glaciaire en Europe, qui se traduira, en Afrique, par des alternances de pluie et de sécheresse. C'est, précisément, à ces nouvelles conditions que réagiront les nouvelles industries tout en répondant aux nouvelles transformations sociales nées de la pression démographique comme des besoins sociaux, principalement de l'organisation en villages.

Les nouvelles industries sont caractérisées, d'une part par l'emploi de nouveaux matériaux, par l'emploi de nouvelles techniques d'autre part. A côté de la pierre – quartz, obsidienne –, on se sert, de plus en plus, d'autres matières ou éléments, comme l'os, la corne, le bois, les graines, les coquillages, les coquilles d'œufs d'autruche, les herbes de toutes sortes, probablement les peaux. En vérité, ce qui change, ce sont moins les matériaux que la dimension des objets. Quant aux techniques, les nouvelles industries se sont, pour ainsi dire, spécialisées dans les lames et lamelles, obtenues par percussion et retouche. On s'est orienté ainsi vers la miniaturisation : la fabrication des « microlithes ». Ce qui permettait, selon la variété des buts et des emplois, de fabriquer des outils plus complexes, emmanchés, et donc plus maniables. On disposait non seulement de hachereaux, perçoirs et poinçons, comme au Moyen Age de la Pierre, mais encore de couteaux et de scies, de flèches et d'arcs.

Cependant, comme je l'ai dit plus haut, de plus en plus, la vie sociale se développait dans les villages, avec la construction et, peut-être, l'ameublement des huttes, avec, en tout cas, la fabrication de bijoux pour les femmes : de perles en particulier, que l'on enfilait en colliers.

Je ne descendrai pas dans les détails des différents styles industriels. Qu'il me suffise, pour commencer par l'Afrique australe, orientale et centrale, d'en citer les principaux : le Magosien, le Wiltonien, le Tshitolien.

S'agissant du Maghreb, nous lui adjoindrons le Sahara et l'Afrique occidentale, plus précisément, l'occident de la zone soudano-sahélienne. On distingue, au Maghreb, deux industries qui ressortissent au Dernier Age de la Pierre : celles de l'Ibéromaurusien et du Capsien.

L'industrie de l'Ibéromaurusien, comme son nom l'indique, n'est pas sans rapport avec l'industrie homologue de l'Ibérie. Elle est, on le reconnaît, pauvre et pas très élaborée. Composée surtout de lames et de grattoirs, elle est curieusement dépourvue de microlithes à formes géométriques. Elle se cantonne dans le Maghreb maritime.

Le Capsien, dont le nom vient de la ville tunisienne de Gafsa, est, par contre, une industrie typiquement africaine, qui s'étend, par-delà le Sahara, jusqu'en Afrique occidentale, voire en Afrique orientale. Elle se caractérise, sans doute, par des lames et grattoirs de grande dimension, mais aussi, comme dans les précédentes industries africaines, par des lamelles et burins, encore plus par une profusion de microlithes à formes géométriques. Ici encore, il s'agit d'une industrie de qualité, de miniaturisation. Celle-ci s'attache à produire de petits outils, qui, plus maniables et précis, peuvent servir aux usages les plus divers. Cette civilisation, au dire des spécialistes, a duré plus de 2 000 ans.

Il s'agit, en effet, d'une *civilisation,* comme il en était question, tout à l'heure, avec les Afriques australe, orientale et centrale. On a trouvé, dans les gisements, mêlés aux cendres, des restes d'objets mobiliers et de parures.

Ici se pose vraiment, en Afrique et pour la première fois, le problème des races qui ont créé les industries que nous venons d'énumérer. J'essaierai de définir, plus exactement de caractériser chacune d'elles. Les préhistoriens africanistes avaient commencé de le faire depuis les Australopithèques, mais pas d'une façon moderne. Depuis quelques siècles, depuis le début de la *Traite des Nègres,* la grande affaire avait semblé être de savoir si tel peuple de l'Histoire, voire de la Préhistoire, était blanc, noir ou jaune. On sait, aujourd'hui, que, jusqu'à l'entre-deux-guerres, la question était plus politique — pour ne pas dire « politicienne » — que scientifique. C'est dire avec quelle objectivité il faut s'employer à l'examiner.

Avant d'en venir aux Maghrébins du Dernier Age, je rappellerai les trois races d'*Homo sapiens* que les préhistoriens européens nous ont dépeintes au Paléolithique supérieur. Je vous renvoie au manuel d'Henri Breuil et Raymond Lantier [1], complété par celui de Raymond Furon [2]. Pour Breuil et Lantier, les trois races sont représentées par un Blanc, l'Homme de

1. *Les Hommes de la Pierre ancienne,* Payot, 1959.
2. *Manuel de Préhistoire générale, op. cit.*

Cro-Magnon, qui se présente avec une « stature très élevée (1,79 m à 1,94 m) »; un Noir, que l'on appelle généralement l'Homme de Grimaldi, qui est également « de haute stature »; un Jaune enfin, l'Homme de Chancelade, « de taille assez petite (1,55 m) », mais qui montre un crâne de capacité élevée (1 700 cm³). Cependant les choses ne sont pas si simples. Breuil et Lantier nous parlent, non seulement des « variétés » de la race de Cro-Magnon, mais encore des « métis de Cro-Magnon [1] ». Ils avaient écrit, à la page précédente, après avoir parlé des Néanderthaliens, race homogène : « Il n'en est plus de même dans l'humanité nouvelle (*Homo sapiens*). Elle est déjà très mélangée, et l'Homme européen du Paléolithique supérieur est déjà, comme l'observait Marcellin Boule, un chien de rue, un métis des formes diverses de l'*Homo sapiens* [2] ».

Pour le même âge, au Maghreb, Furon nous signale deux races d'hommes en présence : les Ibéromaurusiens et les Capsiens. Les Ibéromaurusiens ou Hommes de Mechta el-Arbi seraient des Blancs de la race de Cro-Magnon, tandis que les Capsiens, qui « montrent souvent certains caractères négroïdes », seraient des « Proto-Méditerranéens ».

Quelle est, dans tout cela, la vérité? Il me faut introduire, ici, une longue parenthèse pour la dire. La

1. *Les Hommes de la Pierre ancienne, op. cit.*, p. 164.
2. *Id.*, p. 165.

vérité est qu'au début du Dernier Age africain, aux Paléolithique supérieur et Mésolithique européens, deux races habitaient, non seulement le Maghreb, mais toute l'Afrique du Nord et le Sahara jusqu'à la forêt, au sud de la zone soudano-sahélienne. Cependant, les Ibéromaurusiens, en plus petit nombre, étaient moins blancs et plus métissés qu'on ne l'a dit, et les Capsiens, plus noirs. Ce n'est pas hasard si Hérodote, le « Père de l'Histoire », qui, comme nombre de philosophes, savants et écrivains grecs, était allé s'instruire, au Ve siècle avant J.-C., en Égypte, affirme, au livre II de ses *Histoires,* que les Égyptiens « ont la peau noire et les cheveux crépus ». La vérité est que le même peuple, plus ou moins métissé, habitait tout autour de la Méditerranée jusqu'au sud de la zone soudano-sahélienne. Plus on descendait vers le Sud, plus les hommes étaient grands et noirs. Car, sous le double effet de la lumière et de la chaleur du soleil, la peau sécrète de la mélanine, un pigment brun foncé, pour se défendre contre les rayons ultraviolets. Aux latitudes du Sénégal, tous les hommes sont noirs, même les Berbères *Zénagas,* c'est-à-dire *noirs,* qui, étant nos voisins, ont donné leur nom à mon pays. Néanmoins la distinction entre *Ibéromaurusiens* à la peau cuivrée et *Capsiens* à la peau noire, plus exactement chocolat, existait encore aux temps historiques. Je recommande de lire la brochure de la société d'édition Les Belles Lettres, intitulée *le Maroc chez les Auteurs anciens.* On

y verra que les auteurs grecs, avant même la naissance
du Christ, distinguaient, d'une part, les « Maures »
ou « Maurusiens » et, d'autre part, les « Éthiopiens »
ou « Négrites », voire « Négrètes ». Je renvoie les
lecteurs aux textes grecs des périples d'Hannon et de
Scylax, sans oublier Polyhistor, ni surtout Strabon.
Que ceux qui veulent diviser les Africains ne se
réjouissent pas trop vite de ces distinctions, car, en
grec, *mauros,* « maure », signifie « de couleur sombre », et *aethiops,* « au visage brûlé ». Donc, les
Grecs ne voyaient de « Blancs » dans aucun peuple
africain, fût-ce chez les descendants des Hommes de
Cro-Magnon. A l'époque classique, ils avaient l'habitude de présenter l'Afrique sous les traits d'une
femme noire. L'Afrique ou l'Égypte. Et pour désigner
un Noir, Africain ou Asiatique, les poètes latins
employaient des mots comme *Afer, Indus, Maurus,*
Libycus ou *Aethiops.* Mon ami Mahjoubi Aherdan,
directeur de *Amazigh,* la « Revue marocaine d'Histoire et de Civilisation », m'a révélé qu'en berbère, la
racine *afr* désigne une « couleur sombre ». Un
spécialiste sénégalais de l'arabe m'a fait la même
révélation pour la racine du mot *arb* ou *arab.* Pour
conclure sur le problème racial, l'opposition, avant
Jésus-Christ, n'était pas entre « Afrique blanche » et
« Afrique noire ». Elle était entre « Grands Africains », qui, vivant entre la Méditerranée et la forêt
équatoriale, parlaient des langues agglutinantes, et
« Petits Africains », Pygmées ou Hottentots, qui,

vivant dans la forêt équatoriale et en Afrique du Sud, parlaient des « langues à clics ».

Il reste que, comme le disent les plus grands biologistes d'aujourd'hui, dont Jean Bernard et Jacques Ruffié, ce n'est pas la couleur de la peau ni les formes du corps qui déterminent la race, mais le sang ou, plus exactement, les chromosomes. Je vous renvoie au best-seller de ce dernier, intitulé *De la Biologie à la Culture* [1]. En vérité, c'est avec la double arrivée des Albo-Européens — je ne dis pas « Indo-Européens » — et des Sémites, au IVe millénaire avant notre ère, au plus tôt au Ve, sur les bords de la Méditerranée, puis en Afrique du Nord, que s'est produit le véritable métissage, équilibré, entre Noirs et Blancs, comme en témoignent, aujourd'hui, les tableaux numériques des groupes sanguins. Mais, faits significatifs, si, en Europe, le groupe A vient généralement en tête, en Afrique, quelle que soit la latitude, c'est le groupe O. Nous en reparlerons.

Ainsi posé le problème des races, je reviendrai au Sahara et à l'Afrique occidentale. Comme l'Atérien, qui s'était étendu au Sahara occidental pendant le Moyen Age de la Pierre, le Capsien, à son tour, gagnera le Sahara, alors humide, puis la zone soudano-sahélienne de l'Afrique occidentale, en y présentant les mêmes formes de miniaturisation et de

1. Flammarion, 1976.

complexité. On a noté, cependant, que, comme l'Atérien l'avait fait, le Capsien, en son temps, s'est adapté à l'environnement régional : au Sénégal, en Côte-d'Ivoire, au Ghana, au Nigeria. Il faut, ici, faire une place spéciale à la forêt du golfe de Guinée, où l'on ne fabriquait pas de microlithes, ceux-ci étant destinés aux outils de chasse dans la savane. Les ressemblances ne s'arrêtaient pas là. L'ethnotype de la région a été découvert au Mali, dans l'ancien « Soudan français », en la personne de l'*Homme d'Asselar*. Celui-ci mesurait 1,70 m et il était, entre autres, reconnaissable à ses mutilations dentaires, dont l'avulsion des incisives supérieures. C'est là un trait de plus qui rapproche Maghrébins et Soudano-Sahéliens des âges de la Pierre.

Au Capsien de l'Ouest correspondent, à l'Est, en Égypte et dans la vallée du Nil, quelque douze industries, dont le *Sébilien* est la plus importante. Celui-ci, qui participe des caractères généraux du Dernier Age de la Pierre — retouche et géométrisation —, est typique de la Moyenne-Égypte et de la Nubie. D'une façon générale, les autres industries participent peu ou prou, soit du Sébilien, soit même de l'Atérien. Ce qui, une fois de plus, est d'autant moins étonnant que le Sahara, aux âges où il n'était pas encore un désert, mais une vaste savane avec des lacs et des plateaux, était moins une barrière qu'un passage entre les régions du Maghreb, de la vallée du Nil et de l'Afrique occidentale, voire de l'Afrique orientale puisque Furon parle d'un « Capsien de l'Afrique orientale ».

Les préhistoriens ont souvent signalé, au Proche-Orient, l'existence d'une industrie originale, à laquelle ils donnent le nom de *Natoufien*. Une fois de plus la Palestine est le lieu privilégié d'une industrie qui, naturellement, présente des affinités avec le Capsien du Maghreb comme avec le Sébilien d'Égypte. Je dis « naturellement », car nous sommes toujours dans le Bassin méditerranéen et que tous les hommes y sont métissés, avec un fort « substrat noir », comme me le disait un intellectuel jordanien. « Ces Natoufiens, écrit Furon, seraient des cromagnoïdes, montrant certains caractères négroïdes, qui peuvent être attribués à du métissage [1]. » On ne saurait mieux dire. Il leur donne la stature de 1,60 m.

Après le Sébilien et le Capsien, nous allons entrer dans l'ère que les préhistoriens européens appellent le *Néolithique*. Le Néolithique, c'est avant tout, comme l'indique l'étymologie du mot, la révolution de la « Nouvelle Pierre ». Sur la lancée des industries précédentes, des dernières découvertes techniques que voilà, les hommes, en quelques milliers d'années, créent successivement l'élevage, l'agriculture, la métallurgie, l'écriture – et l'art avant même le début du Néolithique. Cependant, nous ne traiterons de l'art qu'à la fin de ce chapitre, avec l'écriture.

1. *Manuel de Préhistoire générale, op. cit.*, p. 274.

D'abord, les dates. Si la révolution du Néolithique a pu éclore, et en Afrique d'abord, c'est qu'elle avait été favorisée par le nouveau climat. La récurrence glaciaire, qui était intervenue vers 40000 B.P. [1], avait commencé, à partir de 25000 B.P., à régresser, provoquant, entre 12000 et 5000, un optimum climatique, chaud et humide en Afrique, singulièrement dans un Sahara où abondaient les cours d'eau et lacs. C'était, alors, une savane boisée, favorable à l'élevage et à l'agriculture comme à la chasse. C'est dans ce climat que les hommes du Néolithique inventèrent un nouvel outillage en perfectionnant les techniques anciennes, mieux, en en créant de nouvelles.

Je commencerai par le Sahara, car c'est lui qui, après l'Afrique orientale, reprendra le flambeau en attendant l'Égypte. Il est, alors, peuplé en partie de *Sans* ou Pygmées, de petits hommes jaunâtres à tête ronde, que les « Grands Nègres », type soudanais ou éthiopien, repousseront, par la suite, vers les forêts du Sud, à mesure que le Sahara, à partir du Vᵉ millénaire, ira se desséchant. Les spécialistes, dont A. Chevalier, ont soutenu la thèse selon laquelle l'élevage, l'art et l'agriculture, sans oublier la céramique, ont pris naissance au Sahara et, au moins, dès le Xᵉ millénaire B.P. C'est la thèse qu'a défendue

1. S'agissant de chronologie, les préhistoriens africanistes présentent les dates sous ces deux formes : soit par référence à l'époque actuelle, B.P. signifiant « *Before Present* », soit par référence à l'ère chrétienne, « avant Jésus-Christ ».

Marianne Cornevin dans un article intitulé *Le Néolithique du Sahara central et l'histoire générale de l'Afrique*[1]. Elle conclut ainsi : « On est en droit, aujourd'hui, de considérer le massif central saharien comme un foyer primitif antérieur à la vallée du Nil et au Proche-Orient pour l'invention de la céramique (datée entre 9300 et 9100 B.P., soit cinq mille ans de plus que les évaluations publiées dans les années 1950) et à peu près contemporain pour la domestication des bovins (7500-7000 B.P.). »

Ce dont témoignent les nouveaux outils, comme les pointes de flèches, les harpons à barbelures et autres engins de pêche. Ils participent, d'autre part, du *Néolithique de Tradition capsienne*, que nous retrouverons au Maghreb et qui est caractérisé par des microlithes en forme de rectangle, triangle, trapèze, segment de cercle, sans parler de l'épanouissement de la bijouterie. Plus au sud, en Afrique occidentale, c'est-à-dire en zone soudano-sahélienne, on trouve encore des haches, des couteaux et, plus significatives, des houes d'agriculteurs.

En effet, c'est dans cette région du Sahara qu'après avoir recueilli des baies et graines sauvages, les hommes ont choisi certaines herbes et arbres pour les cultiver. Il faut citer, ici, le riz et le sorgho, le melon et la pastèque, le tef et le cotonnier. L'élevage a

---

1. *Bulletin de la Société préhistorique française*, tome 79, 1982.

précédé l'agriculture. On a donc commencé par élever des bovidés et des moutons. C'est cette double vocation de pasteurs et d'agriculteurs qui explique le nombre élevé de meules et de broyeurs trouvés au Sahara, ainsi que des vases en céramique artistement décorés. On aurait même trouvé des vestiges de villages en pierres sèches, sans parler de l'art, dont nous traiterons avant de conclure.

Au Maghreb, c'est donc le Capsien, qui, évoluant, se transforme en *Néolithique de Tradition capsienne*, dont a traité Colette Roubet dans sa thèse de doctorat. Ce Néolithique au deuxième degré est caractérisé, dans le cadre d'une économie pastorale et agricole, par une vie sociale plus organisée, avec des villages en huttes de roseau et l'inhumation des morts. L'invention de l'art s'enrichit de sculptures comme de nouveaux objets de parure. Le dessèchement du Sahara, qui commence, va pousser ses habitants à émigrer, non seulement vers l'Afrique subsaharienne, mais aussi vers le Maghreb et la vallée du Nil, en favorisant, ici et là, mais surtout en Égypte, la floraison du Dernier Age dans l'art et l'écriture.

Au premier abord, l'évolution des industries égyptiennes au Néolithique et au Prédynastique ressemble à celle des industries maghrébines et sahariennes, le Sahara étant, encore une fois, un passage plus qu'une barrière. Cependant, plus qu'au Maghreb et dans la zone soudano-sahélienne, l'existence d'une vallée fer-

tile, limoneuse, tout au long du Nil, dans laquelle se
sont entassés beaucoup d'hommes, a obligé ceux-ci
à s'organiser pour créer une société nouvelle grâce à
de nouvelles techniques. F. Debono, dans la *Préhistoire de la Vallée du Nil* [1], en dénombre quelque
quatorze. Je voudrais recenser, ici, les traits domi-
nants de ce Néolithique et de cette civilisation prédynastique, qui se sont étendus sur l'Égypte et la
Nubie – nous dirions, aujourd'hui, « l'Égypte et le
Soudan ».

Ce qui frappe tout d'abord, ce sont les progrès
réalisés dans les deux domaines les plus caractéristiques du Néolithique : l'agriculture et l'élevage. Les
Égyptiens et Nubiens de l'époque cultivaient le blé,
l'orge, le lin, le ricin et l'alfa. Ils avaient domestiqué
les bovidés, le mouton, la chèvre, le porc et le chien.
Ils sont organisés en villages et ils inhument leurs
morts. Les habitations sont des huttes ovales, rondes
ou rectangulaires, bâties avec des roseaux et de
l'argile, mais, parfois, avec des pierres. Parfois même,
elles sont alignées le long de rues. Quant aux
cimetières, les tombes en sont ovales, rondes ou
rectangulaires, où sont couchés les morts sur le côté,
contractés et la tête au sud, d'où était venu le peuple
égyptien. On déposait des offrandes pour le mort,
parfois dans une niche latérale.

Cette nouvelle vie sociale présuppose, évidemment,

1. *Histoire générale de l'Afrique, op. cit.*, I, pp. 669-691.

des progrès remarquables dans la technologie indus-
trielle. Il y a que, depuis le Moyen Âge de la Pierre,
on a encore diversifié, avec les techniques et les outils
employés.

D'abord les matières, parmi lesquelles le calcaire,
l'albâtre, l'ivoire, le basalte, la diorite, l'amazonite, le
granite, le schiste, le calcite, les coquillages marins,
enfin, le cuivre et l'or. Le fer sera, vers 4000 avant
notre ère, trouvé et utilisé en Nubie. C'est l'archéo-
logue anglais Emery qui l'affirme. Ce qui signifie que
l'Afrique a utilisé le fer cinq cents ans avant l'Asie et
l'Europe.

Quant aux techniques, elles se sont perfectionnées
plus qu'elles n'ont changé. C'est vrai de la miniaturisation comme de la géométrisation. Il y a plus :
on se met aussi à fabriquer des outils de grande
dimension, dont des haches et des pics. On a, en
particulier, perfectionné les meules, molettes et autres
broyeurs, et le lissage apparaît à côté du polissage. Les
palettes à fard varient leurs formes et la matière dont
elles sont faites ainsi que les autres objets de toilette
ou de parure, ce qui témoigne du degré, plus élevé,
de civilisation. Je songe aux bracelets et anneaux, aux
épingles et peignes, aiguilles et alènes, enfin à la
céramique, autre création du Néolithique. Celle-ci
nous offre, avec les formes les plus diverses, de la
cruche au vase et au gobelet, de belles formes, le
plus souvent incisées ou peintes, parfois incisées et
peintes.

Je serai bref sur la région de l'Afrique australe, orientale et centrale – j'emploie le singulier. Non pas qu'elle n'ait eu, elle aussi, ses industries néolithiques; il y a seulement que, berceau des premiers hommes, elle avait successivement passé le flambeau au Sahara et au Maghreb, puis, nous allons le voir, à l'Égypte.

En Afrique australe et à travers les industries du Smithfieldien et du Witonien – celui-ci débute très tôt –, les préhistoriens ont retenu la céramique, mais surtout les peintures et gravures rupestres comme les expressions typiques du Néolithique. En Afrique centrale, on a signalé des mégalithes, qu'on trouve surtout ailleurs, au Sahara et en Afrique occidentale. En Afrique orientale, on a mentionné l'industrie du Njorvien, en y décelant, il est vrai, des influences soudanaises. En fait, sauf à l'extrême sud de l'Afrique australe, le fait majeur de la région qui nous occupe a été, au Néolithique, l'arrivée des Bantous sur les plateaux, voire dans les forêts tropicales et équatoriales du Sud. Qui sont donc ces Bantous? Ce sont, au départ, des « Grands Nègres ». Cette expression sert à désigner, je le répète, les populations de la zone soudano-sahélienne de type « éthiopien » ou « soudanais ». Je songe aux Soudanais du Sud : aux Nouers, Dinkas, et Massaïs, qui parlent des langues agglutinantes à classes nominales, apparentées aux langues sénégalo-guinéennes ou ouest-atlantiques, mais surtout à l'égyptien ancien. C'est donc une partie de ces

Grands Nègres, descendus de la Corne de l'Afrique [1],
les Zendjs, qui ont envahi la région de l'Afrique
orientale, centrale et australe en y apportant, avec
leurs langues, la révolution du Néolithique : celle de
l'élevage et de l'agriculture. Ce n'est pas hasard si des
linguistes ont qualifié de « semi-bantoues » les langues du groupe sénégalo-guinéen. Naturellement, en
descendant au Sud, les Bantous, tout en s'adaptant à
l'environnement, se sont métissés avec les Pygmées,
Hottentots et autres Bochimans, avec les Sans, pour
employer le mot qui désigne la race.

Il est temps d'en venir à la floraison du Néolithique : à la *Proto-Histoire*.

Nous venons donc de voir les hommes de toutes
les régions africaines participer à la *Nouvelle Révolution*. Pour cela, ils se sont enrichis de nouveaux
matériaux et de nouvelles techniques, dont le polissage, tout en jouant, en même temps, sur la *micro-* et
la *macro-industrie*. Sous les pressions conjuguées de la
croissance démographique et de la péjoration du
climat, ils ont voulu, et répondre aux défis des temps,
et mieux organiser leur société pour la rendre plus
industrieuse, mieux, plus créatrice : pour la rendre

1. C'est la thèse que soutient Jean Doresse dans son étude
intitulée *Histoire sommaire de la Corne orientale de l'Afrique*, Paul
Geuthner, 1971.

plus heureuse. C'est sur cette lancée qu'ils inventèrent l'*Art* et l'*Écriture*. Ici et là, le rôle de l'Égypte fut décisif puisque encore une fois, le Sahara lui avait passé le flambeau. Mais n'anticipons pas. Pour mieux comprendre l'art de la Nouvelle Révolution, voire l'invention de l'écriture, il nous faut partir de l'art du Paléolithique européen. Le parallèle ne sera pas inutile.

Dans *les Hommes de la Pierre ancienne*, Breuil et Lantier ont consacré, au seul art du Paléolithique supérieur, quatre chapitres sur les dix-neuf que comprend leur ouvrage. C'est là une première remarque. La seconde est qu'ils datent l'apparition de l'art, en Europe, du Paléolithique supérieur, c'est-à-dire du Dernier Age de la Pierre. La troisième est que ce sont les *Aurignaciens,* des Négroïdes, qui ont créé cet art. A preuve, dans les « sculptures humaines », les femmes, « callipyges », ont des traits négroïdes et la chevelure crépue. A preuve encore, le rythme de la stylisation et le symbolisme en même temps, avec l'accent mis sur les seins et le sexe. Accent qui rappelle les statuettes de fécondité, les déesses-mères, déjà sculptées, alors, en Afrique et au Proche-Orient, et qui se maintiendront en Europe, transformées en « vierges noires », il est vrai, par la piété chrétienne.

Quant aux « sculptures animales », on en a trouvé, datées de l'Aurignacien, ainsi que des bas-reliefs, dont un « beau félin tracé d'une main naïve, avec les pattes antérieures aux griffes écartées, et *remplissage de lignes parallèles* ». J'ai souligné le détail important. S'agissant de l'art mobilier, et particulièrement de l'art animalier, on aura remarqué que l'aspect « réaliste » ou « naturaliste » ressortit surtout aux faciès ou, plus exactement, aux civilisations *solutréenne* et *magdalénienne*, c'est-à-dire « blanche » et « jaune », pour parler comme nos auteurs.

En ce qui concerne les grottes ornées, Breuil et Lantier distinguent deux cycles. Le premier correspond, en gros, à l'Aurignacien. On y retrouve, avec le symbolisme africain, marqué ici par l'idée de fécondité, une force expressive dans sa sobriété, tandis que, dans le second cycle, singulièrement au Magdalénien, c'est une pittoresque, mais savante polychromie.

Pour terminer par les « roches peintes leptolithiques de l'Espagne orientale », il est naturel que nos auteurs en rapprochent l'inspiration et le style de ceux des Grimaldiens, négroïdes d'Italie, mais surtout des Capsiens d'Afrique, sans oublier les peintures et gravures aussi bien de l'Afrique australe que du Sahara. Et ils voient un « lien incontestable entre les deux groupes », qui « est représenté, en Afrique, par l'abondance des représentations humaines, associées aux scènes pastorales, familiales ou sociales; par la vivacité des attitudes expressives... ». Retenez bien : « par la vivacité des attitudes expressives ».

Revenant en Afrique, nous commencerons par le Sahara, qui semble être un des berceaux, sinon le berceau, de l'Art. En effet et encore une fois, H. Lhote a parlé du VIIIᵉ millénaire avant J.-C. comme date de certaines œuvres d'art. Il y a surtout que c'est par milliers qu'on les a dénombrées. Encore que H. Lhote ait noté trente styles différents dans les peintures et gravures du Sahara, on les divise généralement en deux groupes. Le premier, le plus ancien, est celui des Sans ou Pygmées, des petits chasseurs à tête ronde, tandis que le second est celui des pasteurs, que l'on a assimilés aux Peuls, grands et élancés.

Les hommes du premier groupe ont surtout peint et gravé les animaux qu'ils chassaient : camélidés, bubales, éléphants, rhinocéros, hippopotames, etc. Et ils l'ont fait dans un style réaliste encore qu'ils ne fussent pas dénués de sentiments religieux, comme le prouve ce dieu de six mètres qu'ils ont peint sur une paroi. Quant aux pasteurs, leurs peintures, scènes de chasse ou pastorales, témoignent de ce mouvement coloré dont parlaient Breuil et Lantier comme d'un « art animalier et scénique, pratiqué par des bouviers de stade néolithique ancien [1] ». Amadou Hampaté Bâ, l'ethnologue peul, nous a décrypté leur religion magique. Et Alain Le Pichon, qui a enseigné à l'Université de Dakar, nous le confirme dans sa thèse sur la civilisation peule pré-islamique, intitulée *De la Parole prophétique à la Parole poétique*. Nous y reviendrons. Mais voici qui est plus significatif : sur

---

1. *Les Hommes de la Pierre ancienne, op. cit.*, p. 247.

les parois des roches du Sahara sont souvent peints
ou gravés des images, des masques, dont le style
rappelle l'*Art nègre*, si cher aux artistes de l'École de
Paris.

Reste une question qui n'est pas négligeable : celle
de certaines similitudes de cet art avec l'art égyptien.
On a relevé, çà et là, des barques et des dieux-
animaux, c'est-à-dire des déesses à tête d'oiseau et des
dieux-béliers avec un disque entre les cornes, comme
Amon-Râ. Mais il ne faut pas renverser les rôles. Il
faut, encore une fois, partir du Sahara, comme de la
Nubie, vers l'Égypte, et non le contraire.

Les préhistoriens africanistes pensent que les peintures et gravures rupestres de l'Afrique australe
remontent au Néolithique, comme au Sahara, quoi-
qu'elles fussent encore pratiquées au moment où les
Européens y arrivèrent, et même jusqu'au XXᵉ siècle.
Œuvres des *Sans*, singulièrement des Bochimans, elles
sont dans le même style que celles du premier groupe
que nous avons identifié au Sahara. C'est pourquoi je
ne m'y attarderai pas.

Je voudrais, avant de remonter vers le Maghreb,
dire un mot des premières œuvres d'art de la zone
soudano-sahélienne de l'Afrique occidentale. Les préhistoriens y ont signalé, à côté d'une « technique
subtile du polissage de la pierre [1] », une céramique

1. H.J. Hugot, « Préhistoire du Sahara », dans *Histoire générale
de l'Afrique*, *op. cit.*, I, p. 639.

aux formes et style « négro-africains », sans oublier des statuettes du même style.

En arrivant au Maghreb, je n'opposerai pas son style à ceux du Sahara, du moins à celui des Pasteurs, quoi qu'en dise le grand Balout. Le « style naturaliste [1] » dont il parle n'est pas si éloigné de celui des bouviers du Sahara et de la zone soudano-sahélienne. Il tient de « cet air de parenté indiscutable » dont parlent Breuil et Lantier et qui se caractérise, encore une fois, « par la vivacité des attitudes expressives ».

Et nous arrivons à l'Égypte. On aura une vue plus nette du rôle d'initiatrice qu'elle a pris à partir de la fin du Dernier Âge de la Pierre quand on aura lu l'ouvrage de 567 pages qu'Émile Massoulard a consacré à la *Préhistoire et Protohistoire de l'Égypte* [2]. D'autant que le livre est illustré de 110 planches, qui nous retracent le développement des industries et civilisations de l'Égypte, depuis le Premier Âge de la Pierre jusqu'à l'invention de l'écriture, et celui des arts depuis tel collier ou vase du Néolithique jusqu'à telle statuette de lion ou de roi de l'Âge historique, qui respire la force tranquille.

Avant d'aller plus loin, il faudrait trancher la question de savoir si c'est l'art du Sahara qui a influencé l'art égyptien ou si c'est l'inverse. Tout en posant la question à la page 105 de son ouvrage,

1. « Préhistoire de l'Afrique du Nord » : *ibid.*, p. 618.
2. Institut d'Ethnologie, Paris, 1949.

Massoulard nous dit auparavant que c'est seulement au Néolithique que l'art se manifeste, pour la première fois, en Égypte. Nous en trouvons l'explication dans l'ouvrage d'Alexandre Moret intitulé *Histoire de l'Orient* [1]. Celui-ci nous dit : « Ces premiers colons des vallées orientales sont des Négroïdes, originaires des *régions indo-africaines*, chassés vers le Nord par la transformation des forêts en savanes, puis en steppes. Nous avons vu qu'ils ont peuplé l'Europe méridionale et occidentale et créé l'outillage aurignacien [2]. »

Ce texte, capital, est à retenir. C'est pourquoi j'ai souligné l'expression « régions indo-africaines ». Qu'il y ait eu, depuis la Préhistoire, de profondes affinités entre le continent africain et le sous-continent indien, tout le prouve : la géographie, la biologie et la culture. Ils sont aux mêmes latitudes, le sous-continent indien étant, plus exactement, à celles de l'Afrique du Nord et de l'Afrique soudano-sahélienne. Avant la descente des Albo-Européens et des Sémites aux latitudes de la Méditerranée, ces régions étaient peuplées de Négroïdes ou, si l'on préfère, de Négro-Africains et de Noirs Dravidiens. Enfin, leurs peuples parlaient des langues agglutinantes et non des langues à flexions, comme les langues sémitiques et albo-européennes. L'autre fait à retenir est que c'est

1. Tome premier, Presses Universitaires de France.
2. *Id.*, p. 38.

dans l'*espace indo-africain*, pour parler comme
Alexandre Moret, que les trois premières grandes
écritures du monde ont été inventées : les écritures
égyptienne et sumérienne au IVe millénaire avant
J.-C. et l'écriture dravidienne au IIIe, environ cinq
cents ans avant l'arrivée des *Aryas*, devenus
« Aryens ». Ces derniers sont arrivés sans écriture;
mais c'étaient de redoutables guerriers, comme, plus
tard, les Germains. Je préciserai, pour en terminer
avec ce chapitre, que, comme on le sait, l'écriture
assyro-babylonienne a été inventée à partir de celle
des Sumériens. Quant à la chinoise, Asko Parpola,
qui a, le premier, décrypté l'écriture des Noirs
Dravidiens, la fait venir de cette dernière.

C'est le moment de souligner le *substrat noir* qui,
venu d'Afrique et d'Inde, a recouvert tous les pays
méditerranéens avant le Ve millénaire avant J.-C.,
c'est-à-dire avant les invasions sémitiques et albo-
européennes. C'est ce que nous enseignait Paul Rivet.
C'est ce que confirme Alexandre Moret, qui conclut
ainsi ses observations sur l'Énéolithique en Égypte :
« Or les recherches ethnographiques de Bosch-Gim-
pera et de Pokorny rattachent les Ibères de ce temps
aux races hamitiques. La civilisation de Négadah
étant incontestablement plus ancienne, il paraît assuré
qu'un courant de civilisation est parti d'Égypte avant
le Ve millénaire et s'est propagé, par l'Afrique du
Nord, à l'Ibérie, puis, de là, au reste du monde
méditerranéen, sans que nous puissions savoir, cepen-

dant, si la Syrie-Palestine et la Mésopotamie en ont été influencées [1]. » Ces lignes sont d'autant plus décisives que Moret, qui tend à exagérer le rôle des Sémites en Égypte, est encore attaché à la notion de *hamite*, déjà dénoncée par Rivet et mes autres professeurs de l'Institut d'Ethnologie dans les années 1930. Pour ceux-ci, les « Hamites » étaient, au maximum, des Négro-Africains un peu métissés de sang sémitique. Et les Égyptiens moins que les autres, comme le révèlent, encore aujourd'hui, les tableaux numériques des groupes sanguins. Nous le verrons au chapitre 2.

Je voudrais conclure ce premier chapitre en signalant l'ouvrage du Soviétique Chata Dzidzigouri intitulé *Basques et Géorgiens*. Cet ouvrage a été publié par les Éditions de l'Université de Tbilissi en 1983. En ne manquant pas de citer exactement les auteurs, préhistoriens et linguistes, sur lesquels il s'appuie, comme le bascologue Lafon et « l'éminent linguiste français A. Meillet », Dzidzigouri fait venir d'Afrique, à partir du Néolithique, les Ligures, Étrusques, Basques et autres Ibères. Ceux-ci auraient d'abord peuplé les îles, comme la Sicile et la Corse. Il y a aussi qu'en même temps, l'auteur rattache les Basques aux anciens peuples géorgiens qui parlaient des langues agglutinantes, comme le sumérien, comme les langues de l'Afrique et de l'Inde dravi-

---

1. *Histoire de l'Orient, op. cit.*, t. I, p. 54.

dienne. Ce n'est pas hasard, en effet, si Hérodote, le Père de l'Histoire, qui avait voyagé en Égypte et au Proche-Orient, nous apprend que les Colchidiens du Caucase, que Dzidzigouri cite souvent, ont, comme les Égyptiens, « la peau noire et les cheveux crépus ».

2

De la biologie à la culture africaine

Les spécialistes des sciences humaines, comme les plus grands biologistes d'aujourd'hui, établissent des corrélations étroites entre les climats, les races, les tempéraments et les cultures : entre le corps et l'esprit. C'est pourquoi, en abordant ce chapitre, nous reviendrons sur le problème des races au Néolithique en essayant de l'éclairer d'une lumière nouvelle. C'est que, depuis la naissance du mouvement de la *Négritude,* dans les années 1930, surtout depuis l'année 1960, qui donna le branle aux indépendances sur le « continent noir », les recherches en sciences humaines ont fait beaucoup de progrès. Nous précisons : dans le problème des races humaines en Afrique et autour de la Méditerranée.

Je partirai d'une phrase de Paul Rivet, mon ancien professeur d'anthropologie. Je le vois encore et l'entends nous montrant une carte et soulignant : « C'est ici, aux latitudes de la Méditerranée et tout autour de la terre, que sont nées, par métissage biologique et culturel, les premières civilisations historiques, et les plus grandes. » Et de nous citer les civilisations égyptienne, sumérienne, assyro-babylonienne, indienne, chinoise, juive, grecque, latine, arabe — sans oublier les Aztèques et Mayas, ni les diverses « Renaissances » qui se sont faites autour du *Mare nostrum.* Il précisait : « Depuis le détroit de Gibraltar jusqu'à l'Est de l'Inde, les Blancs sont descendus vers les Noirs; de l'Ouest de la Birmanie jusqu'au Japon, et, traversant le Pacifique, jusqu'au Mexique et aux Antilles, ce sont les Jaunes vers les Noirs. » Toutes vérités que confirment, et la Préhistoire, et les tableaux numériques des groupes sanguins, et les langues agglutinantes, recouvertes, soit par les langues indo-européennes et sémitiques à flexions, soit par les langues asiatiques à tons. Comme l'affirme Jean Bernard, quand on peut, pour rapprocher ou opposer deux ethnies, se baser à la fois sur le sang et la langue, on est sur un terrain solide. C'est ce que nous allons essayer de faire des Africains et des Méditerranéens en partant du Néolithique. Auparavant, nous invoquerons les travaux, d'une part, du professeur Alexandre Moret, des professeurs et grands biologistes que sont Jean Bernard et Jacques Ruffié d'autre part, sans oublier Jean Dausset.

Ceux-ci ont inventé successivement l' « Hématologie géographique », puis l' « Hématologie ethnique », qu'ils ont exposées dans plusieurs études et appliquées au peuplement du Liban, mais surtout de l'Europe de l'Ouest. C'est donc aux IVe-IIIe millénaires avant notre ère que les Indo-Européens, venus du Nord-Est, seraient arrivés en Europe occidentale. Y vivaient alors, non pas précisément les descendants des hommes de Cro-Magnon, remontés vers le Nord, avec les rennes, à la fin de la période glaciaire, mais ceux, métissés, des Aurignaciens, Solutréens et Magdaléniens.

Quant à Paul Rivet, il affirmait que, malgré les invasions indo-européennes et sémitiques, « il y a, encore aujourd'hui, de 10 à 20 % de sang noir autour de la Méditerranée ». Mais un camarade soufflait, avec une impertinence lucide et assez fort pour être entendu : « Au moins 20 %! » Et pourtant, il n'avait pu lire Alexandre Moret, qui dans son *Histoire de l'Orient* signalera, en 1941, l'invasion, au Mésolithique, de « Négroïdes », comme nous venons de le voir.

Pour revenir à Jean Bernard et Jacques Ruffié, s'ils ont pu expliquer le peuplement, si original, du Sud-Ouest européen, c'est en s'appuyant, d'abord, sur le sang des populations, singulièrement sur le système A B O.

Comme l'a confirmé le Premier Congrès international de Paléontologie humaine, tenu à Nice, en octobre 1982, depuis que, sur le continent noir, l'homme a émergé de l'animal, il y a quelque 2 500 000 ans, l'Afrique est restée « aux avant-postes de la civilisation », jusqu'à l'*Homo sapiens*. Je dis : jusqu'à l'invention de la première écriture dans la vallée du Nil. Nos deux biologistes en étaient déjà convaincus, comme en témoignent leurs travaux. C'est la raison pour laquelle, dans les tableaux numériques des groupes sanguins dressés par les spécialistes des États, c'est le groupe O, donneur universel, qui, en Afrique et sauf exception, vient en tête, tandis que c'est le groupe A en Europe et le groupe B en Asie. En effet, en son temps et sous l'effet de l'environnement, le groupe A s'est formé en Europe tandis que le groupe B le faisait en Asie. Or, comme le notent Jean Bernard et Jacques Ruffié, dans le Sud-Ouest de la France, le groupe O arrive nettement en tête. C'est dans le Pays basque que le phénomène est le plus manifeste; et le pourcentage des O diminue à mesure qu'on s'en éloigne dans la direction du Nord-Est.

Au fait biologique s'ajoute, toujours dans le Sud-Ouest, un fait culturel. Très précisément, un fait linguistique : les Basques parlent des langues agglutinantes, comme on en trouve encore, aujourd'hui, dans toute l'Afrique ainsi qu'en Asie du Sud et du Sud-Est. Ce n'est pas tout. Comme l'écrit Jean Bernard dans un article intitulé *L'Hématologie géographique,* il y a « des déformations caractéristiques des langues romanes dans tout le périmètre aquitain qui portent tant sur certains phonèmes que sur des idiotismes syntaxiques ». Sans oublier les « nombreux toponymes à désinence pré-indo-européenne [1] ».

1. *Nouvelle Revue française d'Hématologie,* n° 6, tome 15, 1975.

Le phénomène basque, c'est-à-dire la prépondérance de O sur A et surtout B, se rencontre ailleurs en Europe. Non seulement dans le Sud, singulièrement dans les îles méditerranéennes, mais encore, curieusement, le long des côtes de l'océan Atlantique, mais surtout de ses îles, comme en Irlande et au pays de Galles. Cependant tout s'éclaire si nous relisons les lignes que voilà d'Alexandre Moret sur le rôle des Négroïdes au Proche-Orient ainsi que dans le Sud et l'Ouest de l'Europe. Lorsque les « Albo-Européens », comme je les appelle, et d'abord les Celtes, descendus du Nord-Est au IVe millénaire avant J.-C., envahirent l'Europe, ils se mêlèrent aux Négroïdes tout en les refoulant le long des côtes et dans les îles. Comme disait encore Paul Rivet, « quand deux peuples se rencontrent, ils se combattent souvent, mais ils se métissent toujours ». De là, les deux types d'hommes que nous y rencontrons encore aujourd'hui : celui du grand blond aux yeux bleus, comme « nos ancêtres les Gaulois » qu'on nous enseignait à l'école française, et celui du petit homme brun de type méditerranéen, si fréquent [1].

Il est temps de redescendre en Afrique pour souligner l'unité du continent sous la variété de ses populations — je ne dis pas de ses « races ». C'est alors seulement que nous pourrons exposer, avec la civili-

1. Le système de l'ADN, tel qu'il est exposé, par exemple, dans la revue *Recherche* de juillet-août 1987, ne contredit pas scientifiquement la thèse de l'origine africaine de l'Homme.

sation, la culture africaine avant de dire l'esthétique qui inspire la littérature et les arts.

Or donc, si l'on se souvient du premier chapitre, c'est au Néolithique qu'avec le dessèchement progressif du Sahara, les Grands Nègres, déjà légèrement métissés de Pygmées, sont descendus du Sahara pour entrer dans les forêts tropicales, puis équatoriales, jusqu'en Afrique australe. Ils l'ont fait surtout, je l'ai dit plus haut, par les collines de l'Afrique orientale. Le résultat principal en est, encore une fois, que les populations africaines présentent une plus grande unité biologique, linguistique et, partant, culturelle que les Européens ou les Asiatiques. C'est ce que l'examen des sangs et des langues va nous prouver.

Voici, d'abord, les tableaux comparatifs, qu'il s'agisse de géographie, d'histoire ou de culture. Nous l'avons fait successivement en Afrique du Nord-Ouest, en Afrique du Nord-Est, en Afrique de l'Ouest, enfin en Afrique équatoriale : c'est-à-dire en Afrique bantoue.

Afrique du Nord-Ouest

Groupes (en %)

	O	A	B	AB
Maroc	45,85	27,86	17,49	5,27
Tunisie	43,97	33,01	18,17	4,85

Afrique du Nord-Est

Groupes (en %) ━━

	O	A	B	AB
Égypte	46,80	23	24	6,20
Soudan	48,40	29,10	18,30	4,20
Éthiopie	42	27	27	4
Somalie	60	25	12	3

Afrique de l'Ouest

Groupes (en %) ━━

	O	A	B	AB
Sénégal	49,80	22,90	23,40	3,9
Haute-Volta	45	23	27	5
Côte-d'Ivoire	43,43	22,54	23,11	4,10
Togo	46,20	20,80	27,80	4,50

Afrique équatoriale

Groupes (en %) ━━

	O	A	B	AB
Cameroun	50,40	23	22,40	4,20
Gabon	53	26	18	3
Zaïre	55,65	23,53	19,08	1,74

Commençant par l'Afrique du Nord, nous voyons la différence très nette qui existe entre le Maghreb et le Machreq. Ce qui frappe, en effet, dans la comparaison de leurs tableaux, et que celui de l'Égypte souligne paradoxalement, c'est la différence des pourcentages dans les groupes A et B. On le comprendra facilement pour le groupe A en se rappelant qu'il caractérise, plus que tout autre, l'Europe blanche. Ainsi est confirmé le fait que les invasions slaves en Europe de l'Ouest ont franchi, allégrement, et par le détroit de Gibraltar, la Méditerranée. C'est ce qui explique la présence d'hommes blonds au Maghreb, surtout sur les montagnes du Maroc et de l'Algérie. Sans oublier le « royaume vandale » qui se constitua, au Ve siècle après J.-C., dans ce dernier pays.

Naturellement, il ne faut oublier ni, auparavant, les comptoirs phéniciens et la colonisation romaine, ni, après, la conquête arabe des VIIe-VIIIe siècles. Il reste que l'arabisation fut, et demeure, un apport plus culturel que biologique.

Quant à l'Afrique du Nord-Est, ce qui frappe à l'examen des tableaux, c'est peut-être moins leurs différences d'avec le Nord-Ouest que leurs ressemblances avec l'Afrique subsaharienne, singulièrement avec l'Afrique soudano-sahélienne. Ce qui frappe encore plus, c'est que, des quatre pays de la Corne de l'Afrique — pour généraliser l'expression —, c'est l'Égypte qui a le plus faible pourcentage de sang A. C'est dire toute la vérité qu'exprime la fameuse phrase d'Hérodote : toute la *négritude* qu'a conservée l'Égypte, jusqu'en ce XXe siècle. Et d'abord, dans ses réalités biologiques vivantes. Elle a reçu moins de sang blanc, si l'on peut dire, que les autres peuples de la région, que ce sang fût albo-européen ou sémitique. Car c'est le peuple égyptien, unifié par la vallée du Nil, qui a opposé la plus grande résistance aux envahisseurs, que l'invasion fût armée ou pacifique.

Les tableaux des groupes sanguins en Afrique équatoriale et orientale, en Afrique bantoue ne sont pas moins significatifs. Encore que semblables dans leurs grandes lignes à ceux de l'Ouest, mais surtout du Nord-Est, ils présentent, même peu sensibles, des différences réelles. Il y a, d'une part, des pourcentages plus élevés de sang O et, d'autre part, plus faibles de sang B. Nous sommes, ici, dans la région la plus africaine de l'Afrique : dans l'Afrique des profondeurs.

Avant d'aborder la Culture, par les langues africaines, je voudrais revenir sur le phénomène basque, élargi non seulement aux côtes et îles atlantiques, mais encore à toute l'Europe méditerranéenne, surtout au Proche-Orient. Ce n'est pas hasard si, dans le tableau numérique des groupes sanguins de la Grèce, créatrice de la civilisation albo-européenne, le groupe O vient en tête, comme en Afrique. Ce qui n'est même pas le cas du Portugal. Et pourtant Almerindo Lessa, le grand anthropologue portugais, l'a écrit, dans un quotidien de son pays, à l'occasion d'un « Colloque sur le Métissage », que j'ai ouvert à l'Université d'Evora : un million de Noirs se sont, au XVIIIᵉ siècle, fondus par métissage dans la population, qui était de quelque trois millions d'habitants.

Les tableaux numériques des groupes sanguins que voici maintenant, choisis dans quelques pays du Proche-Orient, au Nord comme au Sud, prouvent que le « substrat noir » est presque aussi important ici qu'au Maghreb. Les différences entre le Liban et la Syrie, d'une part, l'Irak, le Koweit et l'Arabie Saoudite, d'autre part, sont significatives. Les Blancs, les Albo-Européens, ont été plus nombreux à s'installer au Nord. Au temps de la Reine de Saba, les Noirs étaient encore la majorité au sud de la péninsule Arabique, comme d'ailleurs sur le sous-continent indien. Et aujourd'hui encore, les Yéménites ont l'aspect des *Maures* au sens étymologique du mot, mis à part la chevelure, qui est asiatique. Et le chant populaire [1], toujours polyphonique, en est une preuve, qui a subsisté jusqu'aujourd'hui. Ce chant que l'on trouve encore dans les villages reculés de quelques îles de la Méditerranée, dont la Corse, la Sardaigne, la Sicile et Corfou. Sans oublier le Pays basque, qui est culturellement une sorte d'île dans la péninsule Ibérique. Voici donc le dernier tableau :

Proche-Orient

Groupes (en %) ▬

	O	A	B	AB
Liban	42	42	5	3
Syrie	34,50	40,65	16,70	8,15
Koweit	44,10	38,10	23,50	4,10
Irak	37	29	26	8
Arabie Saoudite	50,86	24,08	20,58	4,48

1. Il est significatif qu'au sud de la péninsule Arabique, dans les Yémens, qui constituaient, anciennement, l' « Arabie heureuse » de la Reine de Saba, on trouve, encore aujourd'hui, un plain-chant polyphonique comme en Afrique noire.

De la Biologie, nous passerons à la Culture. Je commencerai par les langues, qui sont la manifestation la plus expressive, et la plus significative en même temps, d'une civilisation. Plus précisément, je partirai de l'article de J. H. Greenberg dans le premier tome de l'*Histoire générale de l'Afrique*, publiée par l'Unesco. De l'avis général des linguistes européens, c'est la meilleure étude. Et pourtant, elle ne me satisfait pas. C'est qu'elle nous ramène en arrière, aux années 1930 où je suivais les cours des deux grands linguistes qu'étaient Marcel Cohen et Lilias Homburger. Celle-ci enseignait les langues négro-africaines à l'École pratique des Hautes Études quand celui-là le faisait des langues sémitiques à l'Institut d'Ethnologie. Greenberg n'abandonne qu'en partie les préjugés raciaux des anciens linguistes euraméricains, qui nous parlaient de « langues hamito-sémitiques », voire de « dialectes nigritiques ».

Or donc, mes professeurs réagissaient, déjà, contre les préjugés que voilà. Ils furent parmi les premiers à déracialiser la linguistique : à rendre aux langues africaines leur dignité humaine en les situant dans leur authenticité. Marcel Cohen, qui était, alors, le plus grand spécialiste des langues sémitiques en France, présentait les langues « hamito-sémitiques », celles parlées en Afrique, dont l'amharique, comme les résultats de réactions négro-africaines devant les langues sémitiques importées. Naturellement, il mettait à part l'arabe classique. Il fut le premier à nous parler des

« langues métisses ». Quant à Mlle Lilias Homburger, elle fut, de son côté, le premier chercheur à établir des corrélations entre la langue égyptienne, la langue sumérienne, la langue dravidienne, parlée encore aujourd'hui dans l'Inde méridionale, et les langues négro-africaines. Corrélations que les chercheurs négro-africains ont commencé de démontrer. C'est ce dont témoignent, outre les travaux de l'égyptologue sénégalais Cheikh Anta Diop et de son élève, le professeur Théophile Obenga, trois thèses de doctorat, soutenues à l'Université de Dakar, sur le dravidien et les langues du groupe sénégalo-guinéen ou ouest-atlantique : le sérère, le peul et le wolof.

Pour y voir plus clair, nous mettrons de côté le problème de la langue dravidienne, comme de la langue sumérienne, quitte à y revenir plus tard, et le problème des langues métisses, que seules on peut légitimement appeler « chamitiques » ou, mieux, « chamito-sémitiques ». Toujours pour y voir plus clair, nous partirons de l'œuvre majeure de Lilias Homburger[1]. Et plus précisément, de son dernier chapitre : « De l'origine égyptienne des langues négro-africaines. » Nous y ajouterons deux articles du professeur Théophile Obenga. L'un a pour titre *Origines linguistiques de l'Afrique noire*[2], et l'autre, *Égyptien ancien et négro-africain*[3].

---

1. Elle est intitulée : *Les Langues négro-africaines et les Peuples qui les parlent*, Payot, 1941.
2. Université de Brazzaville.
3. *Id.*

C'est en 1912 que Lilias Homburger a lancé sa théorie, mais celle-ci n'a commencé d'avoir quelque audience qu'en 1928. Bien sûr, les résistances étaient dues, d'abord, au mépris culturel qui entourait encore les civilisations négro-africaines, mais aussi à la façon abrupte dont la linguiste avait commencé par la présenter. L'accueil fut autre quand, comme pour les langues indo-européennes, on se référa, non plus à l'égyptien ancien, mais à un *proto-négro-africain* d'où seraient dérivées, d'une part la langue égyptienne (l'ancienne, la nouvelle, le démotique et le copte), d'autre part les langues négro-africaines, plus exactement, toutes les langues agglutinantes d'Afrique, dont les langues dites « berbères », à l'exception des langues à clics des Pygmées, Bochimans, Hottentots et autres Khoins.

Ainsi précisée la nouvelle présentation de la théorie, les démonstrations convergentes de Lilias Homburger et de Théophile Obenga m'ont d'autant plus convaincu que j'ai pu trouver des exemples parallèles dans des langues du groupe ouest-atlantique, comme le sérère, le peul et le wolof, que j'ai enseignées. Je m'arrêterai, ici, non pas aux vocabulaires, dont les similitudes ne sont pas probantes, mais à des concordances morphologiques avant de dire quelques mots de la similitude syntaxique : aux classes nominales, aux affixes de négation et aux verbes.

Il y a, d'abord, les problèmes connexes des genres sexuels et des classes nominales. « L'objection la plus sérieuse, écrit Lilias Homburger, celle qui nous embarrassait le plus par son caractère même, était l'absence de la notion de genre sexuel en négro-africain et la distinction du masculin et du féminin en égyptien. » Mais l'égyptien ancien, comme toutes les autres langues du monde, avait évolué. Ce que prouvent le nouvel égyptien, le démotique, mais surtout le copte. C'est ainsi que, dans cette dernière évolution de la langue, le genre sexuel avait disparu au singulier des mots indéfinis et au pluriel de tous les mots. Ce qui semble établir, *a contrario*, la parenté de l'égyptien et des langues négro-africaines, c'est, pour désigner le féminin, l'existence, dans certaines langues bantoues, comme le zoulou et le ronga, des affixes *azi* et *ati*, qui rappellent les formes *-at* ou *-t* de l'ancien égyptien.

Une des caractéristiques, majeure, des langues bantoues comme des langues semi-bantoues que sont celles du groupe ouest-atlantique est la division des êtres, des choses et des idées en « classes nominales ». Cela signifie que chaque substantif ou nom est rangé, au moyen d'un affixe classificateur, dans une des catégories grammaticales de la langue, celle-ci pouvant en comporter jusqu'à vingt et plus, comme le peul. Et cette division s'étend du nom à ses détermi-nants : articles, adjectifs, etc. Prenons un exemple en peul. Soit le nom *teddungal*, qui signifie « honneur », dont la racine est *ted* et l'affixe de classe *ngal*. « L'honneur », avec l'article défini, se traduira par

teddungal ngal. Et « cet honneur », avec l'adjectif
démonstratif, par *ngal teddungal ngal.* Ce qui nous
amène aux « accords exprimés par répétitions », dont
nous parle Lilias Homburger. « L'absence de toute
expression du genre sexuel dans les affixes, nous
apprend-elle, est caractéristique d'idiomes qui se
rattachent à des dialectes égyptiens de l'état représenté
par le copte en Égypte, mais que représentent les
idiomes à classes nominales multiples qui répètent les
affixes caractéristiques devant tous les mots d'une
proposition qui se rapportent au sujet [1]. » Il se trouve,
et ce n'est pas sans importance, que ces « idiomes »
représentent la moitié de l'Afrique noire d'après la
classification de Greenberg. Celui-ci signale l'existence
de classes nominales dans la plupart des langues des
deux familles négro-africaines que sont le Niger-
kordofanien et le Nilo-saharien. Ce sont ces classes
nominales que des égyptologues comme Alexandre
Moret appellent des « déterminatifs » [2].

Après les genres et classes nominales, les affixes de
négation méritent d'être signalés, comme l'a fait
Théophile Obenga pour les langues bantoues. Celui-
ci nous rappelle les deux formes égyptiennes : d'une
part, *n* et *nn* en égyptien ancien, *an* en copte ; d'autre
par, *bio* ou *bou* en égyptien ancien et *mpe* en copte. En
corrélation avec ces faits morphologiques, nous avons

1. *Les Langues négro-africaines et les Peuples qui les parlent,*
op. cit., p. 318.
2. *Cf. Histoire de l'Orient, op. cit.,* p. 105.

aani en peul, *ar* et *eer* en sérère et *ut* ou *ul* en wolof. « Samba n'a pas ri » se traduit, en peul, par *Samba jalaani*, en sérère par *Samba jaleer* et, en wolof, par *Samba reul*. On l'aura remarqué, les consonnes *t*, *n*, et *l* sont des dentales qui peuvent permuter dans le système linguistique des langues ouest-atlantiques.

Nous nous arrêterons ensuite sur le verbe, qui est, avec le substantif, l'élément le plus important de la proposition. C'est pourquoi les corrélations sont, ici, particulièrement significatives.

J'ai relevé, d'abord, le verbe « être », qui, employé comme auxiliaire en copte, se présente sous les formes de *è*, *a*, *nè* et *rè*, auxquelles correspondent, dans les langues bantoues, *ie*, *li*, *re*, *di*, *ni*. En wolof, nous avons *di*, *neeka* ou *né*. Exemple : *Ma di guné, nga gëm né mag laa* : « Je suis enfant, (et) tu crois que je suis adulte. » Il y a mieux. Au présent du perfectif de l'indicatif, qui exprime, en wolof et en sérère, l'action réalisée ou l'état acquis, nous avons, dans la dernière syllabe de la forme verbale, un *a* ou *na* final. J'y vois, pour ma part, un verbe auxiliaire. Ainsi, « travailler » se traduisant par *ligey* en wolof et *jal* en sérère, « nous avons travaillé » se traduira par *ligeyna-nu* et *ii njala*, le « nous » français se traduisant par *nu* ou *nun* en wolof et *ii* en sérère.

Quant au futur de l'indicatif, l'égyptien ancien l'exprimait, selon les intentions et circonstances, par les affixes *n*, *na*, *r* ou *ka*, dont Obenga nous donne les correspondants dans les langues bantoues. Dans les langues ouest-atlantiques, on trouve, comme correspondants, les affixes *xan* en sérère et *na* en wolof. Ainsi, « ils verront » se traduira respectivement par : *xan dé gi* et *dina-nu gis.*

S'agissant toujours du verbe, je finirai par les notions et catégories grammaticales que sont le temps et l'aspect. En effet, les Albo-Européens accordent plus d'importance au temps qu'à l'aspect du verbe quand les Négro-Africains font le contraire. Le *temps*, c'est le moment où se présente l'action ou l'état exprimé par le verbe quand l'*aspect*, c'est la façon concrète et, pour ainsi dire, imagée sous laquelle se présente l'action ou l'état. Pour prendre l'exemple du français, cette langue nous offre, au mode de l'indicatif, huit temps, sans compter les temps surcomposés, tandis que le wolof ne nous en présente que cinq. En revanche celui-ci nous offre cinq sous-modes de l'indicatif, auxquels j'ai donné les noms de « l'énonciatif, le verbatif, le démonstratif, le subjectif et l'objectif ». On emploie l'un ou l'autre selon qu'il s'agit d'un simple énoncé, ou que l'on met l'accent sur l'idée verbale, son processus, le sujet ou l'objet du verbe. Pour revenir à l'aspect, le verbe wolof nous offre, correspondant à l'imparfait de l'indicatif français, quatre aspects, qui sont : le prétérit momentané, le prétérit habituel, le prétérit momentané ancien et le prétérit habituel ancien. Mais il y a un *mais*. Il n'y a pas, en wolof, de sous-mode énonciatif au temps correspondant à l'imparfait de l'indicatif français. Il faut donc choisir entre le verbatif, le démonstratif, le subjectif et l'objectif. C'est ainsi qu'on a le choix entre seize formes verbales, qui toutes correspondent à l'imparfait de l'indicatif français. Avec, bien sûr, des nuances, et imagées. J'y reviendrai.

Revenir au substantif, c'est-à-dire au nom, c'est évoquer la puissance imaginative des Négro-Africains. Ce qui sera la meilleure transition « de la Biologie à la Culture », pour parler comme Jacques Ruffié. Or donc, comme disait, en plaisantant, un vieux « colonial » français, écrivain au demeurant, les Négro-Africains ont huit mots pour désigner les huit façons de marcher, mais ils n'ont pas un mot pour désigner, en général, l'action de marcher. Ce à quoi j'ai fait allusion dans un poème : « Ils ont neuf noms pour nommer un palmier, mais le palmier n'est pas nommé. »

Les similitudes biologiques et linguistiques que voilà, la Préhistoire et l'Histoire africaines les confirment, en attendant la philosophie et la religion, la littérature et l'art. Cependant, je voudrais insister, de nouveau, sur les Ouest-Atlantiques et les Bantous.

C'est ainsi que les préhistoriens, singulièrement ceux de l'École française, nous apprennent que nos ancêtres du groupe ouest-atlantique auraient quitté la vallée du Nil vers le XIᵉ millénaire avant J.-C. Avançant d'Est en Ouest, ils se seraient fixés dans ce qui est, aujourd'hui, le Sahara central et occidental. Et l'on peut les y voir encore sur les peintures et gravures rupestres qu'ils ont exécutées. Grands et sveltes, comme les Sénégalais d'aujourd'hui, les voilà qui courent derrière leurs troupeaux, vénèrent leurs génies, adorent leur Dieu. Amadou Hampaté Bâ, « le Sage de Bamako », nous a permis d'identifier nos ancêtres Peuls. Il a fait mieux en nous révélant leur mystique, que confirme Alain Le Pichon, le chercheur, dans sa thèse de doctorat d'État intitulée *Fonction prophétique et Fonction poétique*, qui traite de la civilisation peule anté-islamique.

Pour ce qui est des Bantous, ce n'est pas hasard si leurs ancêtres viennent de la Corne de l'Afrique, des pays qui portent, maintenant, les noms d'Éthiopie et de Somalie. C'est la thèse que soutient Jean Doresse dans son *Histoire sommaire de la Corne orientale de l'Afrique* [1]. Déjà, affirme-t-on, les auteurs grecs et latins y signalaient, bien avant les Arabes, la présence du peuple des Zendjs, peuple noir. Et il souligne non seulement son « ancienneté » et son « importance », mais encore la « grandeur » et la « durée » de ce qu'il appelle le « vieux royaume bantou ». En effet, c'est aux temps historiques seulement que, sous la pression des Gallas et des Somaliens, les Zendjs furent refoulés vers le Sud, vers les pays qu'on appelle, aujourd'hui, « bantous » : le Kenya, la Tanzanie, la Zambie, etc.

Tout cela pour confirmer la thèse que nous avons

1. *Op. cit.*

soutenue à la fin du premier chapitre : c'est essentiellement à cause du dessèchement du Sahara, entre les
VIIIe et IVe millénaires avant J.-C., que les Grands
Nègres sont descendus vers le sud et entrés dans les
forêts tropicales, puis équatoriales. Cependant, le
mouvement s'effectuait plus facilement à l'est, sur les
plateaux de l'Afrique orientale. C'est, d'ailleurs, le
même mouvement que nous identifions en cette fin
du XXe siècle. Et la première Conférence des Nations
unies sur la Désertification, tenue au Kenya, en 1977,
fut particulièrement significative à cet égard.

Nous allons arriver à la Culture, mais en passant,
auparavant, par les tempéraments des diverses races et
ethnies. Comme le soutiennent les caractérologues,
c'est le sang qui influe sur le tempérament, présenté
comme l'équilibre d'un mélange. Nulle définition ne
saurait être plus pertinente puisque, nous l'avons vu,
toutes les races mais surtout les ethnies sont,
aujourd'hui, plus ou moins métissées. C'est la théorie
que développe Léone Bourdel dans son ouvrage
intitulé *Groupes sanguins et Tempéraments* [1]. Et de
commencer par citer Rémy Collin, qui présente le
tempérament comme un « ensemble de dispositions
naturelles qui retentissent sur la manière de sentir et,

1. Librairie Maloine S.A., Paris, 1960.

si elles ne sont pas contrôlées, sur la manière d'agir ».
On ne saurait mieux dire.

Retenons les mots « sentir » et « agir ». Il n'est pas
question de mettre la pensée de côté. Celle-ci doit
intervenir, elle intervient entre les deux, je veux dire la
Biologie et la Culture, la dernière étant définie, encore
une fois, comme l'esprit d'une civilisation donnée. Il
reste que chaque tempérament, parce qu'enraciné
dans la chair et le sang, est déterminé par un groupe
sanguin (A, O, B) ou, mieux, par l'équilibre de leur
mélange, comme il apparaît clairement dans le cas de
AB. Chaque tempérament est, d'abord, une sensibilité. Pour quoi Léone Bourdel les caractérise, chacun,
par un mot du vocabulaire musical. A est « harmo-
nique », O « mélodique », B « rythmique ». Et AB
« polyphonique », comme j'aime à le dire.

Cependant, les caractérologues sont allés plus loin
en donnant à leurs recherches des bases plus scientifiques. Parce qu'il s'agit d'une science humaine, ils
ont voulu, par-delà les faits chiffrés, saisir les impon-
dérables de cette âme qui est la symbiose, vivante, du
corps et du cœur, de la sensibilité, c'est-à-dire de
l'âme, et de la pensée. On définit la caractérologie
comme « la science des types de caractères ». Il est
surtout entendu que le caractère, c'est l'ensemble des
réactions habituelles d'une personne, fondées sur sa
sensibilité, mais guidées par son éducation et, en
définitive, par sa culture. Aussi les caractérologues se
sont-ils aperçus, en consultant leurs statistiques, qu'il

existait des corrélations entre les tempéraments, partant les caractères, et les groupes sanguins. Corrélations que seule peut modifier la culture, et seulement dans une certaine limite. Ce qui les a amenés à constituer des classes de tempéraments-caractères, appelées *ethnotypes.* Significatif est, à cet égard, le parallélisme antithétique qui existe entre l'ethnotype des *Introvertis,* où le groupe A est en tête, et celui des *Fluctuants,* où c'est le groupe O.

J'ai dit « parallélisme ». Ce qui, selon Paul Griéger [1], rapproche les deux ethnotypes, c'est la richesse de leur sensibilité. Mais parallélisme « antithétique ». Chez les Introvertis, les réactions aux sollicitations de l'environnement extérieur ou de la vie intérieure sont lentes et mesurées, tandis que, chez les Fluctuants, elles sont aussi violentes que rapides. Les premières portent les marques de la *Germanité,* les secondes, de la *Négritude.* Je le souligne, il n'y a, ici et là, aucune nuance péjorative. Au contraire. Ce qui mérite explication.

La majorité des peuples du Nord de l'Europe, composés de Germains, sont des Introvertis. Curieusement au premier abord, les Fluctuants englobent tous les Africains, tous les Méditerranéens, y compris les peuples du Proche-Orient, et les Latino-Américains, enfin, les Japonais. A la réflexion, on le

1. *Cf.* son ouvrage intitulé *la Caractérologie ethnique,* PUF, Paris.

comprendra facilement. C'est, d'une part, que les Méditerranéens possèdent un fort pourcentage de sang noir, nous l'avons vu. C'est, d'autre part et s'agissant des Japonais, que leur tableau numérique les présente comme ayant, à parts à peu près égales, des sangs A, O et B. Mieux, les premiers habitants de leurs îles étaient des Noirs, des navigateurs venus de l'océan Pacifique, qui leur avaient apporté leur langue, agglutinante. D'éminents linguistes l'ont remarqué, et dit, la plupart des langues du Sud-Est asiatique, comme de l'Amérique indienne, sont agglutinantes.

C'est, de nouveau, l'occasion de citer Paul Rivet, en renvoyant à son ouvrage de linguistique intitulé *Sumériens et Océaniens* [1]. Dans son « Introduction », celui-ci précise que « ce travail repose entièrement sur des correspondances lexicales ». Il ne manque pas, cependant, de promettre une étude ultérieure des « correspondances grammaticales ». Mais il annonce, déjà, la couleur par le seul fait que les correspondances établies le sont avec des langues du Sud-Est asiatique et de l'Océanie : dravidien, malayo-polynésien, mélanésien. Toutes langues qui sont agglutinantes, c'est-à-dire du Sud, en face des langues flexionnelles, originaires du Nord, que sont les langues albo-européennes et sémitiques. C'est dans ce sens que, dans son « Introduction », Rivet conclut :

1. Librairie ancienne Honoré Champion, Paris, 1929.

« L'anthropologie et l'ethnographie montrent, en effet, que ces peuples [les Océaniens] ont agi sur le monde méditerranéen pré-indo-européen et pré-sémite et sur le monde africain [1]. » Ce n'est donc pas hasard si les peuples méditerranéens sont riches en sang O et B, comme les peuples de l'Afrique, de l'Océanie, de l'Asie du Sud et du Sud-Est.

Il est temps d'arriver à la Culture, à la civilisation africaine en mettant l'accent sur l'esprit qui la définit le mieux. J'en profiterai, puisqu'il s'agit de l'Afrique, pour dire un mot de la religion, qui représente un fait culturel majeur.

J'avais pris l'habitude, quand j'enseignais, à Paris, les « langues et civilisations négro-africaines », de définir la *culture* comme « l'esprit d'une civilisation ». C'était là une définition trop intellectualiste. A l'expérience et dans le contexte actuel, mondial, du dialogue des cultures, annoncé par Pierre Teilhard de Chardin dans la première moitié du XXe siècle, je dirai que la culture est « l'ensemble des valeurs de création d'une civilisation ». Quant à la religion, comme on le sait, c'est l'ensemble des croyances et des rites qui relient le visible à l'invisible, l'homme à Dieu.

Les grands biologistes d'aujourd'hui, à commencer par le professeur Paul Rivet, ne séparent pas la biologie de la culture, dont la religion n'est qu'un aspect, encore que majeur. Je renvoie au livre

1. *Id.*, p. 8.

du professeur Jacques Ruffié, intitulé *De la Biologie à la Culture*.

Aujourd'hui, on divise le continent africain en « Afrique blanche » et « Afrique noire ». Cette division est politique, voire politicienne, et non scientifique. Pourtant, bien des anthropologues et ethnologues la maintiennent. Dans les années 1930, on distinguait les « Arabo-Berbères », les « Chamites » et les « Nègres », avec un accent péjoratif sur ces derniers. La vérité est qu'en cette fin du XXe siècle, tous les continents, toutes les races, toutes les nations sont plus ou moins métissés. Il n'est que de consulter leurs tableaux numériques des groupes sanguins. S'agissant de l'Afrique, nous pouvons y voir un peu plus clair en remontant de nouveau, mais brièvement, de la Préhistoire à l'Histoire.

Remontons jusqu'au Néolithique africain, au VIIIe millénaire avant J.-C. On y trouvait deux races. Au Nord vivait une grande race, depuis la Méditerranée jusqu'à la forêt tropicale. Plus on descendait vers le Sud, plus l'homme était grand, élancé et noir. Au Sud donc, vivaient, dans les forêts tropicales et équatoriales, de petits hommes jaunes à tête ronde. Leurs descendants, plus ou moins métissés, sont les Pygmées, Bochimans et autres Hottentots d'aujourd'hui, qui portent le nom général de *Khoisans* et parlent des « langues à clics ».

Cette situation a duré jusqu'à la désertification du Sahara, entre les VIe et IVe millénaires de notre ère, qui a poussé les populations qui habitaient cette région à émigrer, les unes vers le Nord du continent, les autres vers le Sud : dans les savanes et les forêts tropicales ou sur les plateaux de l'Afrique orientale, jusqu'en Afrique australe. C'est cette dernière migration qui a favorisé le métissage entre Grands Nègres et Khoisans. La situation actuelle résulte donc de la géographie et de la Préhistoire, mais aussi de l'Histoire, c'est-à-dire des migrations sémitiques et albo-européennes. Je préfère ce dernier mot à « indo-européennes ».

Si l'on veut simplifier, les peuples d'Afrique se divisent, de nos jours, en deux groupes : en *Arabo-Berbères* et en *Négro-Africains*. Les premiers, qui habitent l'Afrique du Nord, sont des métis de Noirs et de Blancs, Sémites et Albo-Européens. Les seconds le sont de Noirs, Africains, voire Asiatiques, et de Khoisans. La réalité, que mettent en lumière les tableaux numériques des groupes sanguins, que j'ai reproduits plus haut, est bien plus complexe. Ces tableaux des différents peuples de notre continent, pour ne pas encore parler de « nations », prouvent l'unité biologique de l'Afrique, bien plus affirmée que celle de l'Europe ou de l'Asie. Dans tous ceux que j'ai eus sous les yeux, le groupe O vient en tête, et de loin, comme en Europe, sauf quelques exceptions, le groupe A. Cependant, en Afrique du Nord, il y a un *mais,* représenté par l'Égypte. Son tableau est bien plus semblable à ceux des pays soudano-sahéliens qu'à ceux du Maghreb. Voici, par exemple, et de nouveau, les tableaux comparés de la Tunisie, de l'Égypte et du Sénégal :

Groupes (en %) ▬

	O	A	B	AB
Tunisie	43,97	33,01	18,17	4,85
Égypte	46,8	23	24	6,2
Sénégal	49,8	22,9	23,4	3,9

A la réflexion, les différences entre le Maghreb, d'une part, l'Égypte et l'Afrique noire, d'autre part, s'expliquent par les faits que voici. Au Maghreb, les invasions albo-européennes, notamment celles des Vandales et autres Germains blonds, survenues aux premiers siècles de l'ère chrétienne, ont été plus fortes que celles des Sémites. C'est ainsi que la petite phrase d'Hérodote, qui affirme que les Égyptiens « ont la peau noire et les cheveux crépus », est toujours valable. Mais pour les plus grands biologistes d'aujourd'hui, ce qui fait la race, ce sont moins la couleur de la peau ou les traits physiques que les tableaux numériques des groupes sanguins.

De la Biologie, nous passerons donc à la Culture, dont la langue est, très souvent mais pas toujours, le meilleur témoignage, en tout cas l'expression la plus fidèle. Comme me le disait le professeur Jean Bernard, quand on peut s'appuyer, en même temps, sur la langue et le sang pour prouver une parenté, on est sur une position solide. Si l'on exclut les langues importées par les invasions que voilà et par la colonisation ainsi que les « langues à clics » des Khoisans, toutes les langues parlées en Afrique étaient, et sont encore pour la plupart, des langues agglutinantes, y compris l'ancien égyptien et le berbère. Déjà Lilias Homburger, dans les années 1930, soutenait cette thèse. Depuis lors, le professeur congolais Théophile Obenga a démontré la parenté de l'égyptien ancien et des langues négro-africaines dans deux articles, déjà cités, *Origines linguistiques de l'Afrique noire* [1] et *Égyptien ancien et négro-africain* [2]. Et voilà qu'il confirme sa thèse dans son dernier ouvrage, intitulé *les Bantu* [3].

Selon la définition que j'ai donnée du mot « Culture », il s'agit de découvrir les valeurs actives qui non seulement ont créé la civilisation africaine, mais encore lui ont permis, depuis la *Révolution de 1889* — j'y reviendrai —, de participer à l'édification de la « Civilisation de l'Universel » annoncée par Pierre Teilhard de Chardin. Ces valeurs, on les trouve, d'abord, dans sa philosophie. Je sais qu'on a nié qu'il

1. *Mélanges Henri Frei.*
2. Université de Brazzaville.
3. Présence africaine, Paris, 1985.

y eût une philosophie africaine, du moins « négro-africaine ». Je vous renvoie, pour vous confirmer cette philosophie, à quatre ouvrages majeurs : *Dieu d'Eau* [1] par Marcel Griaule, le grand ethnologue français, *la Philosophie bantoue* [2] par le Père Placide Tempels, un Belge, *la Philosophie bantu-rwandaise de l'Être* [3] par l'Abbé Alexis Kagamé, un Rwandais, et *la Pensée africaine* [4] par le professeur Alassane Ndaw, un Sénégalais.

La philosophie, c'était, pour les anciens Grecs, créateurs de la civilisation albo-européenne, la recherche de la *sophia,* de la sagesse. La *sophia,* c'est, d'abord, la connaissance des principes fondamentaux qui, étant derrière les phénomènes de la nature et de l'univers, les produisent ou les expliquent. Comme l'écrit Aristote dans la *Métaphysique,* « la science nommée philosophie est généralement connue comme ayant pour objet les premières causes et les principes des êtres ». Telle est, cependant, la nature humaine que l'*épistêmê,* la connaissance — traduite, aujourd'hui, par « science » — ne suffit pas à l'homme. Pour être *sophia,* sagesse, elle doit passer à son application pratique en transformant notre vie par-delà nos idées et sentiments. C'est ainsi que la philosophie se transforme en morale.

1. Le Chêne, Paris, 1948.
2. Présence africaine, 1949.
3. Bruxelles, 1956.
4. Les Nouvelles Éditions africaines, Dakar, 1983.

Allons plus avant. Qui dit morale dit but, objet de l'activité humaine. Il s'agit bien de transformer la vie humaine, mais en transformant, à la fois, l'homme et le monde dans lequel il vit en interdépendance. « Tout art, écrit Aristote dans l'*Éthique à Nicomaque,* et toute investigation, et pareillement toute action et tout choix tendent vers quelque chose à ce qu'il semble. Aussi a-t-on déclaré, avec raison, que le bien est ce à quoi toutes les choses tendent. » C'est, précisons-le, le « bonheur », plus précisément, l'immortalité. Retenons l'expression « tout art » ainsi que la notion d' « immortalité ». Deux idées que nous retrouverons dans la philosophie africaine.

La philosophie africaine, comme l'a démontré Alassane Ndaw, professeur à l'Université de Dakar [1], répond parfaitement à la définition que lui ont donnée les fondateurs grecs de la discipline. Elle s'appuie sur les grandes institutions d'où l'homme a tiré « les premières causes et les principes des êtres », qui lui ont permis de connaître le monde et de le transformer. Comme la grecque, la philosophie africaine est, d'abord, une connaissance ou un savoir : une *épistêmê.* Le philosophe, dans la tradition africaine, était appelé « maître-du-savoir » : « *borom xamxam* » en wolof, une des langues du Sénégal.

Or donc, comme les Grecs, nos sages ont fondé

1. *Cf. la Philosophie africaine,* Les Nouvelles Éditions africaines, Dakar, 1983.

leur philosophie sur les premiers éléments de la
matière : sur la terre, l'eau et l'air. Allant plus loin
que les présocratiques, qui, à ces éléments, avaient
ajouté le feu et l'éther, Aristote trouvera une substance immatérielle, spirituelle, qui serait cause première et fin ultime. C'est Dieu, « l'intelligence qui se
pense elle-même en saisissant l'Intelligible ». C'est ici
que la philosophie africaine, construite, au départ, sur
des éléments similaires, se sépare de la philosophie
grecque, albo-européenne, pour s'affirmer dans une
identité sur laquelle a été fondée la religion et,
partant, l'art.

Le premier trait de cette philosophie est qu'elle
privilégie la raison intuitive comme mode de connaissance. Que l'intuition soit au début et à la fin du
connaître, de la science, et même de la mathématique,
c'est ce qu'affirment nombre de philosophes depuis
Aristote jusqu'à Pierre Teilhard de Chardin, en
passant par Henri Bergson, et de grands mathématiciens d'aujourd'hui. Comme le dit Bergson, par
l'intuition, l'homme « s'installe dans le mouvant et
adopte la vie même des choses [1] ». Les africanistes le
savent bien, qui parlent de la « connaissance par
participation » des Négro-Africains.

Le deuxième trait est la dialectique, au sens grec,
étymologique du mot : au sens du dialogue pluriel.
Qu'on ne croie surtout pas que les langues africaines

---

1. *La Pensée et le Mouvant*, PUF, p. 216.

ignorent le concept, et qu'elles n'ont pas de mots abstraits. Dans les langues à classes nominales, comme celles du « groupe ouest-atlantique », il y a même des classes dont les affixes servent à former des mots abstraits. Je pense, parmi d'autres, au peul du Sénégal. Toutefois, l'Africain préfère désigner une chose, un être, un sentiment, une idée par une image analogique. C'est que, doué de sens éminemment sensibles, il aime à leur faire parcourir les aspects divers de la nature, qu'interprétera sa raison, qui se fera, tour à tour, intuitive et discursive, qui se fera sentiment, pensée, puis symbiose des deux.

Le troisième trait de la philosophie africaine est qu'elle est vécue dans la pratique : qu'elle est *re-ligion*. Alassane Ndaw l'a bien montré dans le chapitre où il va de la « pensée mythique » à la « vie mystique ». Le mythe est le fondement et comme l'aliment de la vie mystique : de la religion. Il s'agit, en définitive, non seulement de connaître la vie de l'au-delà des apparences, mais encore, mais surtout, de la vivre, pratiquement et par anticipation, dès notre vie terrestre. Après les cours d'initiation, où le maître-du-savoir, qui se confond avec le prêtre, donne à ses élèves un enseignement qui a souvent recours au raisonnement et aux mots abstraits, mais le plus souvent aux mythes, il faut vivre, dans la religion, c'est-à-dire dans la pratique, la vie mystique ainsi enseignée, très précisément dans les cérémonies du rituel. C'est ici qu'intervient l'art africain avec ses

caractéristiques originales, que nous verrons au chapitre suivant : chant et poésie, musique et danse,
peinture et sculpture, architecture. Comme l'a dit un
homme de culture, une religion qui n'est pas une
œuvre d'art ne peut convaincre.

C'est le moment de revenir à la dialectique
africaine pour l'illustrer dans la religion, mieux, dans
la mystique, sur laquelle a insisté Alassane Ndaw et,
avant lui, Dominique Zahan, professeur à la Sorbonne, dans *Religion, Spiritualité et Pensée africaines*.
Pour l'un et l'autre, l'essence de la religion et,
partant, de la spiritualité africaines se trouve dans la
mystique, telle que celle-ci est vécue dans les sociétés
d'initiation.

Le système de ces sociétés peut être comparé à celui
de l'enseignement dans la société européenne, où l'on
peut aller de l'école primaire à l'université et aux
« grandes écoles ». Il y a seulement que, dans
l'Afrique ancienne, la même société d'initiation don-
nait un enseignement intégral, à la fois général et
technique, laïque, si l'on peut dire, et religieux. A
leurs origines, telles du moins qu'elles se présentaient
généralement au début de la colonisation européenne,
chez les peuples sans castes, les sociétés d'initiation
étaient ouvertes à tous les jeunes des deux sexes au
moment de leur puberté. Chez les peuples aux
civilisations les plus riches, comme les Bambaras du
Mali, on pouvait compter jusqu'à six sociétés. C'est
ainsi que, tout au long de leur vie, les hommes d'élite

pouvaient continuer de se former en s'élevant, peu à peu, au niveau le plus haut : jusqu'à l'identification avec les Ancêtres, avec la Divinité. Ce qui, chez les Bambaras, était l'objet du *Koré,* la sixième société.

La première société était celle qui prenait les garçons et les filles un peu avant l'âge de la puberté et qui se terminait par la circoncision ou l'excision. C'est la société qui ressemblerait le plus à une école primaire. Mais une école primaire religieuse et prolongée. Les journées, les mois et les saisons se partageaient donc entre les cours théoriques d'initiation à la vie spirituelle, mystique, et les exercices pratiques. Ceux-ci portaient non seulement sur la culture générale et l'enseignement technique, professionnel, mais encore, en relation avec la religion, sur les activités culturelles, artistiques. En Afrique tout commence et finit par la religion, par la prière, par l'art. Je me rappelle encore les manifestations culturelles par lesquelles, au « Royaume d'Enfance », comme j'aime à le dire, se terminait la première initiation, celle de la circoncision. C'étaient principalement, sur la place du village, des poèmes chantés et dansés.

Le quatrième trait qui caractérise la philosophie africaine est son humanisme. Un humanisme aux dimensions du cosmos : de l'espace et du temps, de l'espace-temps. L'Homme est le centre, le microcosme du macrocosme qu'est le cosmos, mieux, son agent actif. C'est sur son modèle que s'organise la société :

la maison avec son autel, le village avec sa place publique, l'État avec le monarque et sa cour.

Mais encore? L'Homme est, non pas un individu inséré, mais une personne intégrée dans son groupe : sa famille, son clan, son ethnie, son État. A la *personne,* concept latin, enrichi par le Christianisme, l'Africain oppose une notion, c'est-à-dire une connaissance intuitive, plus complexe : plus sociale qu'individuelle, plus culturelle que technique. Verticalement, l'homme est enraciné dans son lignage, jusqu'à l'Ancêtre primordial, jusqu'à Dieu. Horizontalement, il est lié à la société des hommes : à son groupe, à ses groupes, comme nous venons de le voir, et, par-delà, au cosmos.

Quel est donc ce Dieu que nous rencontrons? Contrairement à ce que les explorateurs africains et nombre d'ethnologues ont dit pendant longtemps, il n'y a qu'un Dieu dans la philosophie et la religion africaines, dont les Ancêtres et les Génies ne sont que des émanations ou expressions. Dans les langues à classes nominales que je connais, Dieu n'a pas de pluriel. Aristote nous a dit que Dieu était l'être en soi, et l'Être, la « substance », c'est-à-dire ce qui est permanent quand tout change. Dans la philosophie africaine, cette substance, qui se trouve sous la matière, c'est la Force. Une force qui, émanée de Dieu, *anime,* au sens étymologique du mot, toutes les apparences sensibles du monde, du cosmos, pour s'accomplir en Dieu. Aussi Dieu est-il défini comme

« la Force des forces ». Cette religion africaine, nul mieux que le Chrétien ne peut la comprendre : *Et Verbum caro factum est, et habitavit in nobis* [1].

Revenons donc à l'Homme puisque la philosophie africaine est *Humanisme.* A l'homme, centre actif du cosmos. Sa fonction essentielle et, pour tout dire, humaine, est de capter toutes les forces éparses qui sous-tendent la matière. Plus exactement, tous les aspects, les formes et couleurs, odeurs et mouvements, sons, bruits, frémissements, et silences de l'univers. Il lui appartient de renforcer leur vie en renforçant leur force. Voilà, lâché, le mot *Vie,* qui, en dernière analyse, explique la philosophie africaine, mais aussi la religion et l'art. C'est en animant par l'art l'univers visible et invisible, en le chantant et le rythmant, que l'homme renforce la force de Dieu et devient, en même temps, semblable à Dieu. Voilà pourquoi, comme disent les Africains, « Dieu a besoin de l'homme » : des hommes.

---

1. « Et le Verbe s'est fait chair, et il a habité parmi nous. »

3

De la Négritude

J'aurais dû, si j'étais resté logique à l'albo-
européenne, intituler ce troisième chapitre « La Parole, la Poésie et l'Art africains ». Si je ne l'ai pas fait,
c'est pour rester fidèle à ma pensée : pour mettre
l'accent sur la Négritude, qui sous-tend toute la
civilisation africaine, même sous son aspect arabo-
berbère. Mais l'accent doit être mis aussi sur la Parole,
qui est, en même temps, poésie et art, c'est-à-dire
Création.

Or donc, comme je viens de conclure à la fin du
chapitre précédent, c'est dans le cadre de sa religion
originaire, l'Animisme, que l'homme africain exerce
sa fonction d'animateur, de créateur de vie. Son art
n'a pas d'autre fonction, qu'il s'agisse de chant ou de
poésie, de musique ou de danse, de peinture ou de
sculpture. C'est pourquoi je ne retiendrai, ici, que ces
arts majeurs, qui vivent en symbiose pour créer une
expression de l'idée-sentiment et, par-delà, une manifestation de la vie. Cependant, je ne parlerai des arts
plastiques qu'au dernier chapitre, avec ce que j'ap-

pelle la *Révolution de 1889*. Car l'essentiel de la
Négritude est dans la Parole : dans la Poésie, mais
chantée et dansée.

Au commencement de l'art, comme de toute vie,
nous disaient, autrefois, les sages africains, il y a la
Parole. Ce n'est pas hasard si Makhily Gassama, le
critique sénégalais, a intitulé *Kuma*, c'est-à-dire « Parole », son *Interrogation sur la Littérature nègre de
langue française*[1]. Bien sûr, il a commencé, enfant,
par parler la langue de son ethnie, le bambara, et
écouter les « Contes des Veillées noires », sans
oublier, plus tard, de prêter attention aux paroles des
sages. Cependant, dès son Avant-propos, Gassama
prend soin de se référer à *Dieu d'Eau* de Marcel
Griaule, le grand ethnologue, et aux travaux de son
école. C'est ainsi qu'il explique, citant Dominique
Zahan : « Le mot *Kuma* concerne toute énonciation
de la pensée par la parole en même temps que
l'ensemble du langage et de l'enseignement[2]. » Revenant, plus tard, sur son idée, Zahan nous présentera
le mot *da* comme un synonyme de *kuma*, qui signifie
« bouche », « marmite » et « créer ». Geneviève
Calame-Griaule ira plus loin, qui, dans *la Parole chez
les Dogons*, explique : « Acte et parole sont liés dans
la pensée dogon. C'est pour cela qu'on appellera aussi
symboliquement " parole " le résultat de l'acte, de

1. Les Nouvelles Éditions africaines, Dakar-Abidjan, 1978.
2. *La Dialectique du Verbe chez les Bambaras*, Mouton et Cie,
Paris, La Haye, 1963, p. 10.

l'œuvre, la création matérielle qui en résulte : la houe forgée, l'étoffe tissée sont autant de paroles... L'acte est la matérialisation de la parole, son aboutissement extrême [1]. »

Nous commencerons donc, nous avons commencé par la parole, par la Poésie, qui, dans presque toutes les civilisations, est l'art majeur. Majeur surtout en Afrique parce que, dans la poésie, la parole est proférée, agie, sous la forme qui charme le plus parce que la plus active. Et il faut prendre le mot « charme » dans son sens premier, fort, du latin *carmen*. Les Peuls du Sénégal définissent la poésie : « des paroles plaisantes au cœur et à l'oreille ». Précisant cette pensée, je dis : « une image ou un ensemble d'images analogiques, mélodieuses et rythmées ».

Je dis « analogiques » parce qu'ici, les images sont plus que symboliques. La relation entre signifiant et signifié n'est pas seulement pensée; elle est sentie jusqu'à l'identification. Elle est, comme nous allons le voir, chantée, rythmée, dansée. Je dis : vécue. Bien sûr, les images, dans la poésie négro-africaine, peuvent se présenter sous la forme de la comparaison. Cependant, le plus souvent, ce sont des métaphores parce qu'encore une fois, des faits ou, mieux, des tranches de vie vécues. Comme dans les poèmes suivants.

1. Éditions Gallimard, 1965, p. 24.

On s'étonnera que je cite longuement des poèmes. C'est que c'est « ce que je crois ». Mais je les expliquerai pour mieux faire comprendre la Négritude : celle des temps anciens, qui est celle des profondeurs.

Voici, pour commencer, un poème de l'ancienne Égypte, tiré du *Livre des Morts*, qui est le plus vieux livre de poèmes écrits [1]. C'est une incantation pour le Défunt :

> *Je suis le Dieu Tum.*
> *Je suis Khepra, le Dieu de l'éternel Devenir,*
> *Qui, caché dans le sein de sa Mère céleste, Nut,*
> *Sculpte et modèle sa propre Forme.*
> *Ceux qui habitent dans l'Océan céleste*
> *Deviennent méchants comme des lycaons;*
> *Les Esprits des Hiérarchies*
> *Deviennent enragés comme des hyènes*
> *En entendant mes Paroles de Puissance.*
> *Car ces Paroles de Puissance,*
> *Je les recherche et les cueille de partout*
> *Avec plus de vitesse que la lumière,*
> *Avec plus de zèle qu'un chien de chasse.*
> *O toi qui fais avancer la Barque de Râ,*
> *Regarde! Les vergues et les voiles de ta Barque*
> *Sont gonflées par le souffle du vent,*

---

1. Traduit par Grégoire Kolpaktchy, Éditions Stock Plus, Paris, pp. 104 et 105.

> *Pendant qu'elle glisse sur le Lac de Feu*
> *Dans la Région des Morts.*
> *Voici que j'ai réuni toutes les Paroles de*
>   *[Puissance*
> *De toutes les Régions où elles se trouvaient*
> *Ainsi que dans le cœur de tout être humain*
> *Qui les ait jamais hébergées...*
> *Je les recherche et je les réunis*
> *Avec plus de vitesse que la lumière,*
> *Avec plus de zèle qu'un chien de chasse.*
> *Je suis celui qui fait surgir les Dieux de*
>   *[l'Abîme*
> *Et qui, leur Cycle une fois accompli,*
> *Les voit descendre vers le Néant*
> *Et vers la destruction par le Feu.*
> *Voici que j'ai réuni toutes les Paroles de*
>   *[Puissance*
> *Que je recherchais avec plus de vitesse que la*
>   *[lumière,*
> *Avec plus de zèle qu'un chien de chasse.*

Une seule remarque pour le moment : j'ai remplacé le mot « loup » par celui de « lycaon », car il n'y a pas de loups en Afrique, mais des chacals et des lycaons.

Voici, maintenant, un poème de mon ethnie, recueilli par le Père Henri Gravrand, le spécialiste de la civilisation sérère [1], et intitulé « Adoration du Soleil » :

1. Henri Gravrand a publié, récemment, le premier tome d'un essai qui porte le titre de *la Civilisation sérère*.

> *Toi qui ne renonces pas! Toi qui ne renonces pas!*
> *Toi! Illuminé! Illuminé!*
>   *Illuminé! Illuminé!*
> *Toi, lumière! Moi, lumière!*
> *Tout ce qui peut te faire renoncer,*
> *Qu'il ait pouvoir sur moi!*
> *Mais ce qui ne peut te faire renoncer,*
> *Qu'il n'ait pas pouvoir sur moi!*

Vous aurez remarqué, dans l'un et l'autre poème, les images analogiques, encore que leur simplicité abrupte puisse nous cacher que ce sont, là, des métaphores à côté des comparaisons.

Pour mieux saisir la force de ces images, remontons aux origines grecques du mot « symbole ». Le *symbo-lon* grec a d'abord signifié « signe de reconnaissance », « signe sensible », puis « symbole », c'est-à-dire « image identificatrice ». C'est parce que le sens grec, étymologique, du mot *symbole* a été oublié, sinon perdu, que les surréalistes ont lancé l'expression de « image analogique ». Le Défunt, l'Orant, par-delà le tombeau, s'identifie, par son savoir et sa piété rituelle, aux dieux, comme le fidèle sérère au dieu Soleil. Il le fait par les vertus des « Paroles de Puissance », comme le dit le *Livre des Morts*. Par les images analogiques, nous venons de le voir, mais aussi par la mélodie et le rythme.

Avant de passer à la mélodie, je signalerai la mode du *haïku,* qui, depuis l'Indépendance, sévit si heureusement au Sénégal. L'ambassade du Japon y organise, chaque année, le « Concours du Haïku ». Comme on le sait, le haïku est, au Japon, un poème de trois vers dont le premier et le troisième sont composés de cinq syllabes, tandis que le deuxième l'est de sept. Mais ce n'est pas tout. L'idée-sentiment doit y être exprimée par une ou des images analogiques. Comme dans les « poèmes gymniques » des Sérères. Ce qui mérite explication. Si j'ai choisi un exemple au Japon, c'est que le Japon nous offre le modèle du métissage parfait (Noir, Blanc et Jaune) et que sa langue lui a été apportée par les premiers habitants du pays, qui étaient des Noirs océaniens. J'y reviendrai.

Or donc, chez les Sérères, une jeune fille, pour être accomplie, doit se montrer poétesse de talent en chantant son « Noir élancé ». En Afrique, et aux latitudes du Sénégal, où l'on a quelque trois cents jours d'ensoleillement par an, pour être beau, il faut être grand, élancé et noir d'ébène. C'est ce que suggère une fiancée en chantant :

Lang *Saar a* lip*wa* pay'*baal*;
O fes *a* ge*noox, nan fo* soo*rom* [1].

---

1. Dans un souci de simplification, je n'emploie pas, ici, l'écriture phonétique de l'alphabet officiel des langues sénégalaises. D'autre part, *e* et *o* sont des voyelles ouvertes quand elles ne sont pas accentuées.

Je traduis :

> Lang Sar s'est drapé dans un pagne noir ;
> Un jeune homme s'est levé, comme un filao [1].

Que les résultats du Concours du Haïku soient toujours bons, sinon excellents, on ne s'en étonnera pas chez un peuple où l'on cultive l'art de la Poésie comme celui de la Beauté.

Le deuxième trait qui caractérise la poésie négro-africaine, c'est la mélodie, et d'abord sous la forme du chant. Dans nombre de langues africaines, c'est d'ailleurs le même mot qui désigne, à la fois, le « chant » et le « poème ». En sérère, c'est le mot *gim* au singulier (prononcez *guimm*) et *kim* au pluriel. Or donc, dans les temps très anciens, avant les invasions sémitiques et albo-européennes, les poèmes populaires étaient chantés dans toute l'Afrique, et à plusieurs voix, avec accompagnement à la tierce et à la quinte. Il y a mieux. Ce chant polyphonique a résisté à toutes les invasions et colonisations, à toutes les influences. On le trouve encore chez les Berbères du Maghreb, voire dans la péninsule Arabique, plus précisément dans le Yémen, c'est-à-dire l' « Arabie heureuse » de la Reine de Saba, qui chantait, dans le Cantique des Cantiques : « Je suis noire et belle. » Je dis « et », car le

---

1. Le filao est un conifère qui a l'allure d'un cyprès.

« mais » de la traduction courante est un contresens.

Cependant, le même poème peut être non seulement chanté, mais encore psalmodié à une seule voix ou, plus simplement, déclamé. Dans ce dernier cas, le rythme obéit à certaines règles, que nous examinerons tout à l'heure. Car nous n'en avons pas encore fini avec la mélodie des vers. L'étranger qui écoute déclamer des poèmes négro-africains est, tout de suite, frappé par leur mélodie : par le jeu des allitérations, assonances, paronomases et autres jeux de mots, mais surtout de sons. C'est le cas du premier vers du *gim njom*, du « chant gymnique » que j'ai cité tout à l'heure :

> *Lang Saar a lipwa pay'baal;*
> Lang Sar s'est drapé dans un pagne noir.

Sans doute le lecteur européen commencera-t-il par s'étonner que la couleur noire soit exprimée par sept *a* sur les dix voyelles que compte le vers. Mais il se consolera en lisant le *gim njom* que voici, où la fiancée chante sa joie d'avoir vu son « Noir élancé », son champion de lutte, triompher de ses antagonistes :

> *'Daankiim, ngel né m'feeka* [1];
> *Lam la mi caala a yuube.*

---

1. Là encore, afin d'épargner au lecteur la transcription phonétique sénégalaise des consonnes *implosives*, je traduis, ici, l'implosion par une apostrophe.

Je ne dormirai point, sur l'arène je veillerai;
Mon tam-tam est paré d'un collier blanc.

En effet, dans le deuxième vers cinq syllabes sur huit
ont la blancheur de la voyelle *a*, la blancheur d'un
collier d'ivoire.

Il est temps d'arriver au rythme, qui est le dernier
élément caractéristique du poème nègre, et le plus
complexe. Je le ferai en restant toujours sur l'arène :
sur la place du village, où ont lieu les séances de cette
lutte qui, autrefois, était le sport favori des peuples
soudano-sahéliens, singulièrement des Sénégalais. Or
donc, ce n'est pas seulement la jeune fille qui, pour
être accomplie, doit savoir tisser « des paroles plaisantes au cœur et à l'oreille », mais aussi le jeune
homme. Celui-ci, pour fêter ses victoires, comme
pour défier ses adversaires, doit le faire en rythmant et
dansant ses propres poèmes. Le fameux poème wolof
de Pathé Diop, ancien champion du Sénégal, nous
permettra de passer de la mélodie au rythme. Le
voici :

– *Yaaganaa, yaaganaa, yaaganaa,*
                              – *Dëgë la!*
– *Yaaganaa, daaw ren sog a ñëw,*
                              – *Dëgë lu!*
                                   – *Woy!*

Bisimlay jaama ndooraan di door!
                              – *Dëgë la!*

Lawla cat, lawla xel, lawla bët,
— *Dëgë la!*
— *Lawla laameñ u doom Adama!*
— *Dëgë la!*
— *Kuluxum lu jigeen suka jur!*
— *Dëgë la!*
— *Woy*
Janxa ndaw, taaculéén far wu ndaw,
— *Dëgë la!*
— *Far wu ndaw caameñ al Jogoma.*
— *Dëgë la!*
— *Woy*
Gëwël oo! rëkal saa ndaaré li.
— *Dëgë la!*
— *Ai*
Bañ a bon, bañ a bon, bañ a bon,
— *Dëgë la!*
— *Bala ngaa xam ne ai bañ a bon,*
— *Dëgë la!*
— *Ndëndë jib, ndaaré jib, tama jib,*
— *Dëgë la!*
— *Bé*
Sabar neeka ca boor bai mbalax.
— *Dëgë la!*
— *Kandadat, pat um Ndar, maa ko daan,*
— *Dëgë la!*
— *Muusa Gey, ca Kess-Kay, maa ko daan,*
— *Dëgë la!*
— *Ma né*

— *A̱san Fay Tëngë-Geej, ma̱a ko daan.*
                                        — *D̠ëgë la!*
                                                — *Ma*
Di ko nax, d̠i ko nax, d̠i ko nax,
                                        — *D̠ëgë la!*
                                                — *Ma*
D̠i ko nax b̠é mu kost̠é ci man.
                                        — *D̠ëgë la!*
— *We̱ex u Naar la̱a ko dóôr, b̠ajo yés.*
                                        — *D̠ëgë la!*
                                                — *Té*
F̠i ma jaar, k̠u fa jaar t̠axa ban.
                                        — *D̠ëgë la!*
— *M̱baar a waay, m̱baar a waay, m̱baar a waay,*
                                        — *D̠ëgë la!*
— *M̱baar a waay, r̠andu léén, m̱aangéé ñëw,*
                                        — *D̠ëgë la!*
— *M̱baar a waay, randu léén, d̠aso laa!*
                                        — *D̠ëgë la!*

Je traduis :

— *Absent depuis longtemps, longtemps, longtemps,*
                                        — *Ça c'est vrai!*
— *Absent depuis l'an dernier, me voici enfin.*
                                        — *Ça c'est vrai!*
— *Que la paix, mon Dieu, soit sur mon retour.*
                                        — *Ça c'est vrai!*
— *Qu'il bénisse mon retour, ma raison et mes yeux!*
                                        — *Ça c'est vrai!*

— *Qu'il bénisse ma langue, fils d'Adam que je suis!*
                              — *Ça c'est vrai!*

— *Béni soit celui que sa mère, à genoux, met au monde!*
                              — *Ça c'est vrai!*

— *Jeunes filles, applaudissez le jeune homme,*
                              — *Ça c'est vrai!*

— *Le jeune homme, frère de Diogoma,*
                              — *Ça c'est vrai!*
                                        — *0*

Griot, bats ton tam-tam, ton ndeundeu!
                              — *Ça c'est vrai*

— *Terrible, il est terrible, terrible, l'adversaire.*
                              — *Ça c'est vrai!*

— *Tu sauras qu'il est terrible quand*
                              — *Ça c'est vrai!*

— *Gronde le ndeundeu, gronde le ndaré, gronde le tama.*
                              — *Ça c'est vrai!*

— *Et là-bas le sabar de se déchaîner.*
                              — *Ça c'est vrai!*

— *Kandadat, le borgne de Saint-Louis, je l'ai eu,*
                              — *Ça c'est vrai!*

— *Moussa Guèye de Thiès-Kayes, je l'ai eu,*
                              — *Ça c'est vrai!*
                                        — *Je dis*

—   *Assane Faye de Rufisque, je l'ai eu.*
                              — *Ça c'est vrai!*
                                        — *Je*

L'attire, je l'attire, je l'attire,
                        — *Ça c'est vrai!*
                                    — *Je*
L'attire, et sur moi le voici.
                    — *Ça c'est vrai!*
— *Je lui fais le coup du Maure; il s'effondre.*
                                — *Ça c'est vrai!*
                                        — *Et*
Qui passe où je passe, il s'emmerde.
                            — *Ça c'est vrai!*
— *C'est le Lion, c'est le Lion, c'est le Lion,*
                            — *Ça c'est vrai!*
— *C'est le Lion, écartez-vous, me voici,*
                        — *Ça c'est vrai!*
— *C'est le Lion, écartez-vous, je suis char d'assaut.*
                            — *Ça c'est vrai!*

Dans les années 1930, quand nous avons lancé le mouvement de la Négritude, on déniait encore aux peuples négro-africains l'honneur d'avoir créé une *poésie* digne de ce nom, avec prosodie et métrique. Et l'on concédait, indulgent : « Ils ont, tout au plus, une prose rythmée. » Comme si la poésie n'était pas, formellement, de la prose rythmée, voire chantée! Et l'on allait répétant ce préjugé non seulement à l'École coloniale, mais encore à l'École des Langues orienta les, à l'École pratique des Hautes Études, voire à l'Institut d'Ethnologie de Paris. Jusqu'au jour où, prisonnier de guerre au Frontstalag 230, j'eus la chance de découvrir la vérité. Préparant une thèse de doctorat d'État sur quatre langues négro-africaines du groupe « ouest-atlantique », j'avais choisi, pour thèse complémentaire, « La Poésie populaire des Sérères ». Pour la préparer, je recueillais des textes de la bouche des Tirailleurs sénégalais, mes camarades de captivité. Parmi nos gardiens se trouvait un professeur autrichien, Walter Pichl, qui, servant de force dans l'armée allemande, s'intéressait aux langues négro-africaines et, de son côté, faisait comme moi. Un jour, il me fit entendre une bande où, disait-il, il avait enregistré des contes. L'audition finie, je sautai de joie en l'embrassant et lui disant : « *Eurêka !* – Qu'avez-vous trouvé? », me demanda-t-il. Et moi : « Qu'il y a une poésie négro-africaine. Le dernier texte que vous venez d'entendre [1] n'est pas un conte. C'est un poème composé de tétramètres. » Le poème en question était soutenu, guidé par un rythme de base despotique, que le récitant marquait en martelant un bidon à coups de bâton. Comme s'il s'était agi d'un tam-tam.

Pour bien comprendre la métrique, c'est-à-dire la versification négro-africaine, il faut la comparer, non pas à la versification française, latine ou grecque, mais à la versification germanique. Oui, *germanique*, et nous y reviendrons. Reportons-nous au texte que voilà et dont il est question. Il s'agit d'un lutteur qui

---

1. C'est celui que le lecteur vient de lire, traduit.

défie ses adversaires en déclamant, en scandant, en
dansant son poème, tandis que le gros tam-tam
marque le rythme de base : 1, 2, 3; 1, 2, 3; 1, 2, 3;
1, 2, 3. Ou, si l'on préfère : 3 + 3 + 3 + 3. Car il
s'agit d'un *tétramètre*, c'est-à-dire d'un vers de quatre
mètres, composés, chacun, en principe, de trois
syllabes. Dans la réalité, comme dans ce poème, le
rythme est beaucoup plus complexe. Si aucun mètre
ne peut avoir plus de trois syllabes, on peut trouver,
par contre, des mètres de trois, deux ou une syllabes,
ou même le silence, c'est-à-dire : *0*. C'est ainsi que le
rythme du deuxième vers du poème qui commence
par *Yaaganaa daaw ren* doit être noté, chiffré ainsi :
3, 2, 3, 3. Le deuxième mètre a deux syllabes au lieu
de trois. A la place de 2, nous aurions pu avoir 3, 1
ou 0. On aura identifié, ici, une *syncope*.

Reste à parler de l'accent. La première syllabe de
chaque mètre commence par une voyelle accentuée.
En wolof, comme dans la majorité des langues du
groupe ouest-atlantique, c'est la première syllabe des
mots polysyllabiques qui porte l'accent d'intensité.
Pour qu'il y ait poème, il faut qu'il y ait, non pas le
même nombre de syllabes dans chaque vers, mais le
même nombre de syllabes accentuées et, partant, le
même nombre de mètres. Comme on le sait, c'était le
cas dans l'ancienne poésie germanique. Le lecteur
percevra mieux le rythme de la poésie nègre en se
reportant aux deux poèmes gymniques sérères que j'ai
cités plus haut, où la jeune fille chante son « Noir

élancé > et dit sa joie, qu'elle compare à un collier blanc [1]. Précisément, pour marquer le rythme, je n'ai pas souligné les syllabes accentuées.

Je n'oublierai pas, dans le rythme du poème que voilà, de signaler quelques exemples de contretemps. Comme on le sait, il y a contretemps quand on attaque sur la partie non accentuée d'un mètre. Ici, chaque vers du poème gymnique est, en principe, composé de trois mètres déclamés par le champion de lutte Mbaye Diop, qui sont suivis d'un quatrième mètre, *Dëgë la*, clamé par la foule. Le contretemps, polyphonique au demeurant, vient de ce que le champion attaque le vers suivant sur une ou deux syllabes non accentuées tandis que la foule clame : « Dëgë la » − « C'est vrai! »

Il reste que les poèmes gymniques que voilà, comme souvent dans la poésie négro-africaine, pouvaient être non seulement récités, mais chantés en plain-chant et chœur polyphonique. C'est ce qui arrivait le plus souvent chez les Sérères.

Je profite de l'occasion pour rappeler un fait essentiel de la culture négro-africaine. On soutient, en effet, dans certains manuels de musique, que le plain-chant et la polyphonie ont été apportés à l'Europe par les Arabes, et à travers l'Andalousie. Si les derniers faits sont vrais, leur interprétation ne l'est pas.

---

1. *Cf.* pp. 123-126.

Il y a, d'abord, que les Arabes comme les autres peuples sémitiques avaient un chant monodique en forme de psalmodie. Au contraire, aussi loin que l'on remonte dans l'Histoire, voire la Préhistoire de l'Afrique, et d'abord dans celle des Égyptiens, on trouve le chant polyphonique à côté du plain-chant. Ce dont témoigne la flûte double des monuments de l'ancienne Égypte. L'argument le plus convaincant est encore celui que voici. Lorsque des Nègres furent déportés, par millions, de leur continent aux Amériques, ils n'emportèrent apparemment que des haillons. Ils emportèrent, avec eux, l'essentiel : leurs richesses intérieures, culturelles, dont le plain-chant et la polyphonie ne furent pas les moindres. C'est ainsi que les fameux *negro spirituals* et *blues* des Négro-Américains sont en plain-chant polyphonique.

Que le plain-chant et la polyphonie soient d'origine africaine, rien ne le prouve mieux que leur persistance, et vivante, sur tout le continent, même au Maghreb. A quoi s'ajoute leur originalité, indéniable.

Bien sûr, comme tout plain-chant, celui de l'Afrique est, en principe, une ‹ musique non mesurée et non accompagnée d'instruments ›. Dans les faits et comme le plain-chant européen, plus que le plain-chant européen, il est une musique expressive comme les autres arts africains. Ici aussi, il y a des neumes, c'est-à-dire des groupes de mots qui se chantent d'un seul souffle, mais non sans nuance. C'est ainsi que le *negro spiritual* intitulé *Steal away to Jesus*, « M'en aller vers Jésus », m'a toujours rappelé le *In paradisum*, l'antienne de la Messe des Morts, plus précisément de son absoute, que l'on chante au cimetière. C'est le même chant d'espérance, serein dans la douleur et qui console.

Quant à la polyphonie, celle de l'Afrique diffère encore plus de celle de l'Europe. Faute d'arguments, les adversaires de la primauté africaine se consolent en la dénigrant. Comme Roland de Condé qui écrit : « Sous une forme inconsciente et rudimentaire, telle qu'elle se manifeste actuellement chez les peuples primitifs, la polyphonie fut sans doute pratiquée spontanément dès les premiers âges de l'humanité [1]. » Comme le savent, et le disent, les plus grands spécialistes de l'Art, il n'y a pas d'art humain inconscient, même, surtout dans cette Afrique qui donna naissance aux premières civilisations humaines. Cette vérité m'a été confirmée par les entretiens que j'ai eus avec les poètes et musiciens négro-africains, sans oublier les peintres et sculpteurs populaires.

Pour revenir à la polyphonie, que les Arabes ont trouvée en Afrique, ou, encore une fois, dans l' « Arabie heureuse » de la Reine de Saba, qui est aux latitudes du Sénégal, elle est toujours vivante sous sa forme populaire. Mon étonnement en la retrouvant, chez les Berbères du Maghreb, jusque dans les chants

1. *Histoire de la Musique*, Seuil, p. 475.

dont les paroles sont arabes! Cette polyphonie a gardé intacte son originalité africaine, voire négro-africaine. Les consonances et accompagnements n'y sont pas à l'octave, à la quarte et à la quinte, comme en Europe, mais à l'octave, à la quinte et à la tierce. Je sais bien qu'on a souvent dénoncé la tierce comme l'accompagnement « trouble ». Elle serait la fille de l'instinct, de la sensualité. Je dis : la fille de la vie dans toute sa plénitude.

Je ne finirai pas, toujours dans le sens de la vie, de la sensibilité, sans signaler la richesse de la gamme africaine avec ses tons, demi-tons et quarts de ton. Si bien que, dans tel monastère africain, les moines ont supprimé les quarts de ton sur les instruments de musique, dont la *kora*, qui a vingt et une cordes. Je suis convaincu qu'un jour on les remettra, ces quarts de ton, pour revenir à l'authenticité de la Négritude.

* *
*

Mais qu'est-ce donc que cette *Négritude*, me demandera-t-on, qui, aujourd'hui, tient sa place dans la Francophonie, comme le prouve le *Dictionnaire des littératures de langue française*, publié par les Éditions Bordas? Pour ma part, je la définis, encore une fois, comme « l'ensemble des valeurs de la civilisation noire ». Il reste que, depuis les années 1930, où Aimé Césaire a lancé le mot dans son journal *l'Étudiant noir,* sa signification a évolué dans le sens d'un combat pour une libération des chaînes de la colonisation culturelle, mais surtout pour un humanisme nouveau.

Tout d'abord, Césaire a dit « Négritude » et non « Négrité ». A juste raison. C'est que le suffixe en *-itude* a une signification plus concrète, ou moins abstraite, que le suffixe en *-ité*. C'est pourquoi nous disions « latinité », « francité », « germanité », « arabité », mais « slavitude », « sinitude », « berbéritude », « basquitude ». Ce n'était pas un jugement de valeur, mais d'identité. Parce que colonisés, nous luttions contre la domination politique mais, d'abord, contre la colonisation culturelle. Je dis nous, c'est-à-dire, au départ, un groupe d'étudiants en lettres formé, outre Aimé Césaire, de Léon Damas et, plus tard, d'Alioune Diop, qui fondera la revue *Présence africaine*. Heureusement, d'autres Noirs nous avaient précédés aux Amériques : aux États-Unis, bien sûr, mais aussi en Amérique latine, mais d'abord aux Antilles.

Je commencerai par les Antilles : par Haïti. Dans les années 1930, les étudiants en lettres que nous étions avaient été influencés, d'abord, par la *Revue du Monde noir,* fondée par la Martiniquaise Paulette Nardal et soutenue financièrement par le docteur Léo Sajous, un Haïtien. Ce n'est pas hasard. En effet, si l'on en croit Robert Cornevin, secrétaire perpétuel de l'Académie des Sciences d'Outre-Mer, c'est d'Haïti

qu'est parti, dès 1915, le mouvement de la Négritude, sous la forme d'une résistance consciente à
l'occupation militaire, politique et culturelle des
États-Unis d'Amérique, qui dura près de vingt ans.
Ce n'est pas non plus hasard si c'est le baron Vastey
(1735-1820), cousin du général Dumas, le métis,
père d'Alexandre Dumas, qui fut le premier théori-
cien de la Négritude. Il écrit, prophétique, dans une
lettre à Mazières : « Un jour, l'Afrique occupera la
scène du monde alors que l'Europe, blasée par des
siècles de civilisation, retournera à la barbarie. » Nous
n'avons pas retenu le fait qu'avec le Nazisme,
l'Europe avait failli retourner à la barbarie, mais cet
autre fait que constituent les racines haïtiennes de la
Négritude. C'est pourquoi, dans mon *Anthologie de
la Nouvelle Poésie nègre et malgache de langue
française,* préfacée par Jean-Paul Sartre, j'ai fait
figurer quatre poètes haïtiens.

   Je ne serais pas complet si j'oubliais l'influence, sur
nous, étudiants noirs de Paris, du mouvement culturel négro-américain du *New-Negro* ou de la *Négro
Renaissance,* dont les fondateurs furent Alain Locke,
mais surtout William Edward Burghard du Bois.
Comme on le sait, ce dernier, né dans le Massachu-
setts, finit par émigrer en Afrique, où il prit la
nationalité ghanéenne. C'est lui qui avait fondé, avant
de quitter les USA, la *National Association for the
Advancement of Colored People.* En vérité, c'est lui le
fondateur historique de la Négritude, comme en

témoigne sa première œuvre majeure, écrite en 1903, *Souls of Black Falks,* que je traduis par « Ames des Peuples noirs ». Ce pluriel, qui témoigne d'une vision humaniste, parce qu'universaliste de la Négritude, m'invite à m'arrêter sur le mot pour le définir, enfin, dans toute sa profondeur.

La Négritude, c'est une certaine manière d'être homme, surtout de vivre en homme. C'est la sensibilité et, partant, l'âme plus que la pensée. Caractéristiques sont, à cet égard, telles expressions africaines, comme « je veux que tu me sentes » et non « je veux que tu me comprennes ». Rien ne traduit mieux cette façon de sentir que la nouvelle poésie nègre, qu'elle soit africaine ou américaine, de langue française ou de langue anglaise. Au demeurant, osons le dire, plus que la poésie haïtienne, c'est la poésie négro-américaine qui nous influença dans les années 1930 : celle de Countee Cullen, Richard Wright, James Welden Johnson, mais surtout Langston Hughes, que j'ai connu personnellement. Il reste que cette influence fut plus théorique que pratique. Nous leur avions emprunté, aux Négro-Américains, des idées plus qu'un style. Des idées comme celle-ci, de Claude Mac Kay : « Plonger jusqu'aux racines de notre race et bâtir sur notre propre fonds, ce n'est pas retourner à l'état sauvage; c'est la culture même. » Or donc, convertis à la « Négritude debout », pour parler comme Aimé Césaire, nous nous sommes exprimés naturellement, en Nègres, en nous inspirant, quand nous y pensions, du style authentique de notre peuple, qu'il fût antillais ou négro-africain.

Ce style, cette *poésie* au sens étymologique du mot grec *poïêsis,* nous l'avons défini plus haut, mieux, nous en avons donné des exemples négro-africains. Nous y revenons, car c'est l'essentiel de notre raison de vivre, de ce que nous croyons. Ce sont « des paroles plaisantes au cœur et à l'oreille », plus exactement, « une image ou un ensemble d'images analogiques, mélodieuses et rythmées ». Le lecteur me demandera : « Mais encore? » Je le renverrai, ici, à mon *Anthologie de la Nouvelle Poésie nègre et malgache,* qu'encore une fois Jean-Paul Sartre a préfacée. Et il écrit : « Ainsi la Négritude est dialectique; elle n'est pas seulement, ni surtout, l'épanouissement d'instincts ataviques; elle figure le dépassement d'une situation définie par des consciences libres. » On retiendra cette dernière proposition.

En d'autres termes, quand le poète nègre, je veux dire l'écrivain ou l'artiste, écrit, peint, sculpte, il vit avec l'être, l'objet, voire l'idée de son œuvre. Ils vivent en convivialité, mieux, en communialité. Mais, devant l'hostilité ou l'agression, c'est le combat, dur, pour vaincre. Voici la première attitude, le premier mouvement, que chante Aimé Césaire :

> *mais ils s'abandonnent, saisis, à l'essence de toute*
> *[chose*
> *ignorants des surfaces mais saisis par le*
> *[mouvement de toute chose*

insoucieux de dompter, mais jouant le jeu du
[monde

véritablement les fils aînés du monde
poreux à tous les souffles du monde
aire fraternelle de tous les souffles du monde
lit sans drain de toutes les eaux du monde
étincelle du feu sacré du monde
chair de la chair du monde palpitant du
[mouvement même du monde!

Après le mouvement de consonance au monde, voici
la révolte, chantée par Léon Damas :

Pour sûr j'en aurai
marre
sans même attendre qu'elles prennent
les choses l'allure
d'un camembert bien fait

Alors je vous mettrai les pieds dans
le plat
ou bien tout simplement la main au collet
de tout ce qui m'emmerde
en gros caractères
colonisation
civilisation
assimilation et la suite

> *En attendant vous m'entendrez*
> *souvent*
> *claquer la porte*

On aura remarqué, dans les poèmes que voilà, la ponctuation ou, plus exactement, l'absence de ponctuation.

Le troisième mouvement est celui de la symbiose, de la polyphonie, que j'ai essayé d'accorder dans l'*Élégie des Alizés* :

> *Ma Négritude point n'est sommeil de la race*
> *mais soleil de l'âme, ma négritude vue et vie*
> *Ma négritude est truelle à la main, est lance au*
> *poing*
> *Récade. Il n'est question de boire de manger*
> *l'instant qui passe*
> *Tant pis si je m'attendris sur les roses du*
> *Cap-Vert!*
> *Ma tâche est d'éveiller mon peuple aux futurs*
> *flamboyants*
> *Ma joie de créer des images pour le nourrir, ô*
> *lumières rythmées de la Parole!*

Je n'oublierai pas Madagascar, qui, par vocation, parce que métissée, chante l'accord conciliant. Comme dans ce poème de Jacques Rabémananjara, qui, avec Christiane Diop, continue, dans *Présence africaine*, l'œuvre d'Alioune Diop :

*Tu viendras, Sœur pâle, au pays du rêve, au bord
[des sources royales...
Blanche, blanche l'orchidée au col de la Colline
[d'Alassour!
La pivoine embrase les sentiers sous les feux des
[couleurs immémoriales
Et la brise du Sud trouble l'étang virginal d'une
[confidence d'amour.*

On aura remarqué la similitude de style par-delà celle des idées-sentiments. J'y reviendrai. Je voudrais, auparavant, dire que tous les « étudiants nègres » de Paris n'avaient pas les mêmes idées ni toujours le même style. C'est le moment de signaler qu'en face de nous s'était dressé un mouvement marxiste-léniniste, dont les principaux représentants étaient des Antillais, comme Étienne Léro, René Ménil et Jules Monnerot. Ils avaient même créé, comme je l'appelle dans l'*Anthologie,* plus qu'un journal, une revue du nom symbolique de *Légitime Défense.* Nous étions, à l'*Étudiant noir,* loin de mépriser la trinité de *Légitime Défense.* Nous disions simplement que la culture était plus importante que la politique, et que la « Traite des Nègres » s'expliquait, d'abord, par le mépris culturel. Et que l'instrument le plus efficace de notre libération serait la Négritude, plus exactement, la *Poïêsis* : la Création.

Nous y revenons en relisant les poèmes de Damas et de Césaire que voilà. Ce faisant, nous y retrouvons les vertus, c'est-à-dire les forces originelles, qui font la beauté et le charme de l'art négro-africain. Nous aurons été frappés, au-delà de la communialité des images analogiques, par le chant rythmé du poème de Césaire, notamment dans les deux derniers vers :

> *étincelle du feu sacré du monde*
> *chair de la chair du monde, palpitant du*
> *   [mouvement même du monde*

On l'aura senti, les sons se répètent, mais librement : *é, é, on,* puis *è, è, on,* puis *an, an* et *on.* Au passage, et par-delà les assonances, on aura noté les allitérations, immédiates ou à distance, avec les *ch* et les *m.*

Après les images analogiques et la mélodie, ce qui frappe le plus immédiatement dans la nouvelle poésie négro-africaine, c'est le rythme, fait de répétitions qui ne se répètent pas. Le même mot ou groupe de mots est répété dans le même vers, verset ou strophe, mais à une autre place, et dans un autre contexte au sens étymologique du mot. Rien n'est plus caractéristique à cet égard que le fameux poème de Léon Damas que voici :

> *Ils sont venus ce soir où le*
> *tam*
> * tam*
> *   roulait de*
> *   rythme en*
> *   rythme*
> *   la frénésie*

> *des yeux*
> *la frénésie des mains la frénésie*
> *des pieds de statues*
> *DEPUIS*
> *combien de MOI*
> *sont morts*
> *depuis qu'ils sont venus ce soir où le*
> *tam*
>   *tam*
>   *roulait de*
>   *rythme en*
>   *rythme*
>   *la frénésie*
> *des yeux*
> *la frénésie des mains la frénésie*
> *des pieds de statues.*

Ce sont là deux exemples parmi d'autres. En vérité, cette convivialité, comme je l'ai dit plus haut, cette communialité, nous l'avons empruntée à la poésie négro-africaine, nous l'avons, plus justement et avec la négritude, héritée de nos ancêtres africains. Le poète n'a pas seulement semé des images analogiques sur un tissu plat et sans couleur; il les a animées, ces images, au sens étymologique du mot, en les chantant et rythmant grâce aux allitérations et assonances. Autrefois, comme nous le dit le mythe, le divin tisserand chantait en faisant glisser, danser sa navette de droite à gauche et de gauche à droite. Et son chant et son geste donnaient son âme et sa consistance au tissu : à l'œuvre d'art.

Ici se pose une question essentielle. On a, souvent, voulu nous opposer les écrivains, surtout les poètes nègres qui, comme le Martiniquais Étienne Léro ou le Haïtien Jacques Roumain, se disaient « marxistes-léninistes ». L'argument ne tient pas. Il y a, d'abord, que nous étions socialistes, Césaire, Damas et moi, encore que démocrates. Il y a surtout que, dans les années 1930, la Négritude était une culture avant que d'être une politique. Elle l'est restée plus que jamais. Et certains poètes de mon *Anthologie* chantent la cité socialiste de demain, que, déjà, ils voyaient poindre à l'horizon.

C'était, entre autres, le cas de Jacques Roumain, le Haïtien, l'un des fondateurs de la *Revue indigène*. Dans son poème intitulé « Madrid », il chante :

> *C'est ici l'espace menacé du destin*
> *la grève où accourue de l'Atlas et du Rhin*
> *la vague confondue de la fraternité et du crime*
> *déferle*
> *sur l'espoir traqué des hommes*
> . . . .
> *ici que l'aube s'arrache des lambeaux de la*
> *nuit*
> *que dans l'atroce parturition et l'humble sang*
> *anonyme du paysan et de l'ouvrier*

naît le monde où sera effacée du front des hommes la
flétrissure amère de la seule égalité du déses-
poir

Comme on le voit, si les idées sont différentes, mais
pas les sentiments, c'est toujours le même style, strié
d'images analogiques.

Point découragé pour autant, on nous oppose,
maintenant, des poètes d'aujourd'hui, et africains,
dont Paul Dakeyo, Jean-Baptiste Tati-Loutard et
Tchicaya U Tam'si, qu'on nous présente comme étant
« d'après la Négritude ». Il se trouve précisément que
je me suis intéressé à eux, singulièrement à Tchicaya
U Tam'si, que je considère comme le meilleur poète
de cette génération. Et dont j'ai préfacé un recueil.
Dans *les Littératures francophones depuis 1945*,
ouvrage qu'ont publié les Éditions Bordas, Jean-Louis
Joubert porte ce jugement sur notre poète : « L'œuvre
poétique de Tchicaya U Tam'si ... domine la produc-
tion poétique d'après la Négritude. Plus que la
violence, c'est le goût de la brisure qui le caractérise :
rupture de tons, collage bariolé d'emprunts composi-
tes, entrechoc de paroles croisées ... Un baroque
hétéroclite ... naît de la luxuriance des images, de
l'âpreté des sentiments, de la brisure d'un rire parfois
morbide. » Je dis : *Optime dixisti*. Mais ce sont là,
justement, quelques-uns des traits de la Négritude,
dont « la luxuriance des images » et « l'âpreté des

sentiments », qu'on trouvera dans mon *Anthologie,* sans oublier le goût de la brisure. Rien n'est, ici, étranger à la Négritude. Il s'agit même d'une « Négritude debout ». En effet, on pourrait comparer « la rupture de tons » aux contretemps et syncopes, qui sont si fréquents, comme nous l'avons vu, dans la poésie de l'*Ur Afrika.*

Ce que je viens de dire de la poésie nègre du XXe siècle, j'aurais pu, tout aussi bien, le dire des arts plastiques, sculpture et peinture, comme de la musique et de la danse. Cependant, pour comprendre le succès, en France, de l'« Art nègre », il faut remonter à ce que j'appelle la « Révolution de 1889 » (et non 1789), sur laquelle je reviendrai au dernier chapitre avec l'œuvre d'Henri Bergson, mais aussi celle de Paul Claudel. Cependant, je rappellerai, dès maintenant, l'œuvre de Pierre Teilhard de Chardin et celle de Louis de Broglie, auxquelles il convient d'ajouter celle de l'Allemand Werner Heisenberg, parmi d'autres.

En 1880 encore, un an avant l'invention du mot « électron », sinon la découverte de la matière électrique, on distinguait la « matière » et l'« énergie », caractérisées, l'une et l'autre, par leur continuité comme par leur conservation. Il reste que la matière était inerte et immuable quand l'énergie était, par nature, mobile et changeante : vivante. Cependant, l'une et l'autre, si elles pouvaient changer de forme, ne le pouvaient de substance parce qu'existant, pour ainsi dire, de toute éternité. On n'en savait pas alors plus parce qu'on n'avait pas à sa disposition des instruments plus efficaces, parce que plus précis, d'investigation et de mesure.

En moins de cinquante ans, les principes que voilà ont été dépassés. Les nouvelles découvertes scientifiques — quanta, relativité, mécanique ondulatoire, relations d'incertitude, etc. — avaient ébranlé les concepts de matière et d'énergie et, partant, le déterminisme classique. De Broglie nous révéla que, sous l'écorce apparemment inerte des choses, agissait la dualité onde-corpuscule, c'est-à-dire matière-énergie. Heisenberg que, la réalité objective étant une illusion, on ne pouvait observer les faits sans les modifier. D'autres, qu'à l'échelle de l'infini, ou de l'immense, les particules agissent les unes sur les autres. Dès lors, les lois physico-chimiques ne pouvaient, ainsi que les choses, nous apparaître que comme flexibles sinon changeantes.

Enfin, arriva Pierre Teilhard de Chardin. En partant des découvertes précédentes, en associant la cohérence logique, mieux, dialectique, et l'intuition fulgurante, il transcenda, dans une nouvelle dialectique, les vieilles dichotomies. C'était d'autant plus important que Marx et Engels, découverts par les « Nouveaux Nègres » que nous étions, n'avaient pas mis fin au vieux réalisme européen. Or donc, avance Teilhard de Chardin, l'univers n'est pas composé de deux, mais d'une seule réalité sous la forme de deux phénomènes, moins opposés que complémentaires :

non pas la matière et l'énergie, pas même la matière et l'esprit, mais l'esprit-matière, qui se présente comme un « tissu de relations », pour parler comme le philosophe Gaston Bachelard.

Nous voilà vraiment au cœur du problème, nous disions-nous, constatant que nous nous dirigions, pas à pas, vers la philosophie négro-africaine. Il n'y a qu'une seule énergie, un seul réseau de forces encore qu'il se présente sous deux aspects : l'énergie tangentielle, celle du dehors, matérielle, quantitative, et l'énergie radiale, celle du dedans, qui est psychique et qualitative. En vérité, celle-ci est spirituelle, partant, force centripète et, pour tout dire, créatrice. Il en résulte que, dans le pré-vivant, les lois physico-chimiques demeurent valables tandis que, dans le vivant, à mesure que nous montons de la matière inerte à la plante, de la plante à l'animal et de celui-ci à l'homme, l'âme se hausse en conscience pour s'exprimer en homme, dans la liberté. Pour cet homme, il s'agit de se réaliser, au-delà du bien-être matériel, dans le plus-être spirituel, je dis : dans la *poésie* au sens étymologique du mot grec, dans la vie du *chant,* comme disent les Africains.

J'ai parlé de poésie parce que celle-ci est le modèle même de la création artistique, comme l'indique, encore une fois, son étymologie de *poïêsis,* « création ». J'aurais pu parler d'art plastique : de sculpture ou de peinture. Je le ferai bientôt. Retenons de la Révolution de 1889 qu'à un monde fermé de substances stables, permanentes, qu'on reproduit dans l'art classique, se substitue un monde de forces vives parce qu'instables, qu'il faut apprivoiser. Depuis les anciens Grecs, fondateurs de la civilisation albo-européenne, l'art de l'Occident a toujours été, plus ou moins, comme l'a écrit Aristote, une *physeos mimesis,* une « imitation de la nature », même si idéalisée. Pour les artistes du XXe siècle, très exactement de l'École de Paris, nous y reviendrons également, il s'agit, non plus d'imiter la matière-objet, sous son aspect statique, éternel, mais l'esprit-sujet, c'est-à-dire sa propre intériorité, sa spiritualité, et dynamique, dans celle de son époque. Et cela se fera, écrit le peintre Jean Bazaine, « par le plus obscur travail de l'instinct et de la sensibilité ». Je précise : comme l'ont toujours fait les Négro-Africains, par le jeu rythmé des formes et des couleurs, par le jeu des forces vitales. Ce qui nous ramènera à la poésie de la Négritude et, par-delà, à l'Art nègre.

Or donc, comme nous l'avons vu, le poète vit en communialité avec l'objet et, par-delà, avec l'être qu'il chante ou danse, qu'il chante et danse. Avec cet être qui, pour les savants et philosophes, est force vitale. Et le poète le *ren-force,* cet être, en le faisant plus-être par son art, par ses images analogiques, encore plus par sa mélodie et son rythme : par son chant qui danse.

Ce que j'ai dit du poète est aussi vrai de l'artiste quel qu'il soit. Quand je regarde ce masque baoulé ou

ce masque *dan* de la Côte-d'Ivoire, j'y prends le
même plaisir que lorsque je lis un poème *sérère* ou
wolof. Ici, chez les Dans, où l'art est d'une vigueur
dense, ce sont des angles qui se répètent, plus ou
moins, aux coins du front, des sourcils, des pommet-
tes et du menton; là, chez les Baoulés, où la déesse
Lune est représentée, ce sont, en douceur, des courbes
gracieuses. Ce sont, encore une fois, des répétitions
qui ne se répètent pas, des forces vitales en action. Je
dis : vivantes.

Ce que j'ai dit des formes, des angles et des
courbes, j'aurais pu aussi bien le dire des couleurs,
surtout chez les peintres d'aujourd'hui : de la Nouvelle École négro-africaine, singulièrement sénégalaise.
Je pense à des peintres comme Papa Ibra Tall et Ibou
Diouf. Chez eux, ce n'est plus seulement le rythme
des formes, mais encore le chant des couleurs.

C'est ce qui explique les succès qu'ont obtenus en
Europe, mais surtout aux États-Unis d'Amérique, les
expositions du *Nouvel Art nègre*. Quand, le 30 mars
1964, nous avons, André Malraux et moi, ouvert le
« Premier festival mondial des arts nègres », il m'a
dit, confidentiel : « Vous avez, ici, au Sénégal, cinq
ou six artistes qui sont aussi grands que les plus
grands artistes européens. » En tout cas, les succès du
Nouvel Art nègre auprès des élites euraméricaines
m'encouragent à le croire. De 1960 à 1980, le
gouvernement sénégalais a organisé, avec un grand
succès, des expositions dans quelques-unes des plus

grandes villes d'Europe. Il s'y ajoute qu'une grande exposition d'art sénégalais, ouverte à Washington, a fait, en quelque dix-huit mois, le tour des grandes villes des USA. Qui l'eût cru quand, en 1815, le Congrès de Vienne condamna la Traite des Nègres?

Que dirai-je en conclusion de ce chapitre sur la Négritude? C'est, paradoxalement, que, loin de nous enivrer, les succès de la Négritude nous ont fait mieux sentir nos faiblesses. En nous faisant découvrir, avec nos qualités, nos faiblesses, la France d'abord, mais aussi les États-Unis d'Amérique nous ont fait découvrir les vertus de la *Francité* : l'esprit de méthode et d'organisation, et bien d'autres valeurs encore.

4

Francité et Francophonie

Il est naturel qu'après la Négritude, j'aborde le problème de la Francophonie. Parce que je suis un ancien colonisé de la France, mais surtout que je crois en la Francité. Et ce n'est pas hasard si nous avons été les deux premiers, un Canadien et le Sénégalais que je suis, à lancer le néologisme de « francité ». Il est vrai que, depuis quelque cent ans, Onésime Reclus, un géographe français, avait inventé les deux mots de « francophone » et de « francophonie ».

On a souvent contesté, et la formation, et la signification des deux derniers mots. A tort. Comme le disait mon maître Ferdinand Brunot, l'un des fondateurs de la grammaire historique, la loi fondamentale de la grammaire n'est pas la rationalité, mais l'analogie. D'où il résulte qu'aujourd'hui, la Francophonie peut signifier : 1. l'ensemble des États, des pays et des régions qui emploient le français comme langue nationale, langue de communication internationale, langue de travail ou langue de culture; 2. l'ensemble des personnes qui emploient le français

dans les différentes fonctions que voilà; 3. la communauté d'esprit qui résulte de ces différents
emplois.

Quant à la francité, je la définis comme l'ensemble
des valeurs de la langue et de la culture, partant, de la
civilisation française. De même que j'ai défini la
Négritude comme « l'ensemble des valeurs de la
civilisation noire » – à cela près que le suffixe en
itude, plus concret nous l'avons vu, traduit mieux
l'enracinement.

Il n'y avait donc pas en cela, qu'on se rassure, un
automépris culturel chez les militants de la Négritude
que nous étions dans les années 1930, que nous
sommes toujours, Aimé Césaire et moi. Au demeurant, nous venons de le prouver au « Premier Congrès
international sur la Négritude », organisé par les
Américains – qui l'eût cru? – à l'Université de
Miami, en Floride.

Je ne ferai pas, ici, l'historique de la Francophonie.
On le trouvera dans l'ouvrage, remarquable, du
professeur Michel Tétu, intitulé *la Francophonie* et
que je viens, précisément, de préfacer. Je rappellerai,
simplement, que nous avons été trois Africains,
Habib Bourguiba, Hamani Diori et moi, à lancer
l'idée de Francophonie. On oublie, trop souvent, le
rôle majeur que joua le général de Gaulle dans la
naissance et l'organisation de la Francophonie. C'est
pourquoi je tiens à commencer par lui rendre justice.
Il est vrai qu'homme de culture et de courtoisie,

homme de pudeur par excellence, il voulut toujours laisser les Africains prendre les initiatives après Brazzaville.

Or donc, après l'échec de Dakar, où le gouverneur général Boisson avait refusé de le suivre dans la Résistance, en septembre 1940, le général de Gaulle fut plus heureux, quatre ans après, à la Conférence de Brazzaville, en janvier 1944. C'est là qu'il prononça son fameux discours. En voici l'essentiel : « Mais en Afrique française, comme dans tous les autres territoires où des hommes vivent sous notre drapeau, il n'y aurait aucun progrès si les hommes, sur leur terre natale, n'en profitaient pas moralement et matériellement, s'ils ne pouvaient s'élever peu à peu jusqu'au niveau où ils seront capables de participer chez eux à la gestion de leurs propres affaires. C'est le devoir de la France de faire en sorte qu'il en soit ainsi. » C'est clair. C'est donc en janvier 1944 et par la volonté de Charles de Gaulle que naquit, non seulement l'idée et la volonté, mais surtout la possibilité de la Francophonie. Qu'on relise seulement la fameuse phrase. De Gaulle aurait pu dire : « où ils seraient capables ». Il a préféré employer le futur de l'indicatif pour bien marquer la possibilité, mieux, la certitude de la Francophonie. C'est ainsi du moins que nous l'avions compris, Bourguiba, Diori et moi. Et nous avons agi dans ce sens.

Après de Gaulle, j'arriverai à Hamani Diori, l'ancien Président de la République du Niger, dont on ne parle pas assez dans l'historique de la Francophonie. Je rappellerai son rôle en récapitulant les étapes qui, depuis le discours de Brazzaville, marquent la marche, avec la France, des anciens peuples colonisés vers la Francophonie. Ce fut, d'abord, l'Union française en 1946, à laquelle succéda la Communauté en 1958. Puis, au début de la décennie des indépendances, en 1961, fut créée, entre États africains, l'Union africaine et malgache (UAM), à laquelle succéda l'Organisation commune africaine et malgache (OCAM).

C'est ici que se distingua tout particulièrement Hamani Diori. En mars 1968, sous sa présidence, l'OCAM conçut le projet d'une Agence de Coopération culturelle et technique, qui réunirait ‹ les États utilisant la langue française ›. Il s'agissait, il s'agit toujours, grâce à cette agence, de compléter et diversifier la coopération existante et non pas de la remettre en cause ›. C'est pourquoi Hamani Diori adressa, entre autres, au Premier ministre du Québec, Jean-Jacques Bertrand, une invitation qui suggérait l'envoi à Niamey du ministre de l'Éducation nationale du Québec. L'initiative d'Hamani Diori est d'autant plus importante que la culture reste le problème essentiel de la Francophonie.

Quant au Président Habib Bourguiba, homme de culture à la tête du pays maghrébin le plus moderne, le plus francophone, il était tout désigné pour jouer un rôle de premier plan dans la naissance de la

Francophonie, comme, auparavant, dans le mouvement des indépendances. Il restera, avec le roi Hassan II, le chef d'État arabe qui a le mieux compris la valeur du métissage culturel que la Francophonie nous permettrait de réaliser. Pèlerin de la Francophonie, il déclarait, en 1968, à Montréal : « Nous avons conscience, non seulement d'avoir enrichi notre culture nationale, mais de l'avoir orientée, de lui avoir conféré une marque spécifique que rien ne pourra plus effacer. Nous avons conscience d'avoir pu forger une mentalité moderne. »

On s'est étonné que, militant de la Négritude au Quartier latin, je fusse tombé, par la suite, dans la Francophonie. Pourtant, j'ai souvent signalé le fait. En même temps que certains militants, comme Césaire et moi, suivaient des cours de français, latin et grec à la Sorbonne, Léon Damas, Alioune Diop et moi nous intéressions à ce que nous appelions les « Humanités négro-africaines ». C'est que nous étions, déjà, pour le métissage culturel, étant entendu qu'il fallait, d'abord, s'enraciner dans les vertus de la Négritude pour mieux s'ouvrir, ensuite, aux apports fécondants des autres civilisations, essentiellement de la civilisation française. Lecteurs assidus des écrivains et théoriciens négro-américains, sans oublier les Antillais, nous rappelions souvent cette phrase du poète Claude Mac Kay : « Plonger jusqu'aux racines de notre race et bâtir sur notre propre fonds, ce n'est pas retourner à l'état sauvage. C'est la culture même. »

C'est cette fidélité à la Négritude qui explique la double action que j'ai menée, pendant les quinze ans – de 1945 à 1960 – où j'ai été, en même temps ou successivement, professeur de Négritude à l'École nationale de la France d'Outre-Mer et député du Sénégal au Parlement français. Par « Négritude », j'entends, ici, les langues et civilisations négro-africaines. Si, en 1945, « je suis tombé dans la politique », comme j'aime à le dire, ce fut malgré moi. En effet, le Parti socialiste du Sénégal cherchait un second candidat, à côté du doyen Lamine Guèye, pour sa liste aux élections à la Première Assemblée nationale constituante. Et il porta son choix sur moi, alors que je ne briguais aucune fonction politique. Je finis par accepter à la condition qu'on me laissât poursuivre, en même temps, ma double œuvre de professeur et de poète. C'est ainsi que, pendant les quinze années de mon mandat, renouvelé, j'ai continué de me battre, et pour la Négritude, et pour la Francophonie.

Comme député du Sénégal, j'ai appartenu aux deux commissions qui, en 1946 et en 1958, ont préparé des Constitutions pour la France. C'est ainsi, entre autres, que mon amendement au texte qui allait devenir la Constitution de 1958 fut rejeté. Il proposait, pour les peuples colonisés, « le droit à l'autodétermination », c'est-à-dire à l'indépendance. Et c'est le général de Gaulle qui, passant outre à l'avis de la Commission de la Constitution, reprit l'amendement dans le texte qui fut approuvé par référendum. Après que le projet de Constitution eut été approuvé par le peuple de France et les peuples des départements et territoires d'Outre-Mer, je fus le premier à demander au général de Gaulle l'indépendance de mon pays, le Sénégal. Fait remarquable, l'entretien n'avait pas duré une demi-heure quand le président de la République, qui m'avait écouté sans m'interrompre – c'était son habitude –, me donna son accord.

Précisément, parce qu'il en avait été ainsi et que je gardais intacte ma passion pour la Négritude, j'apportai une nouvelle ardeur, avec de nouveaux arguments, à l'autre combat, pour la Francophonie. C'est le moment de le rappeler, depuis la Constitution de 1946, qui avait créé l' « Union française », on avait avancé rapidement et, pour ainsi dire, en même temps, sinon de concert. Entre autres États, le Vietnam était devenu indépendant en 1949, le Maroc et la Tunisie en 1956. Enfin, la « Communauté », et « rénovée », était créée en 1960. Et pendant toute cette décennie, les différents peuples d'Outre-Mer, sauf les Antillais, avaient, à tour de rôle, obtenu, chacun, son indépendance. C'est dans ce contexte, mieux, ce concert d'espoir et, partant, de coopération que mourut le général de Gaulle.

Quand Georges Pompidou fut élu Président de la République, le 15 juin 1969, un nouvel espoir, mêlé, c'est-à-dire plus riche, se leva en moi. C'est que, depuis les bancs de la « Première supérieure » du

lycée Louis-le-Grand, dans les années 1920, jusqu'à
sa mort, en 1974, Pompidou fut toujours mon
meilleur ami en France, et le plus fidèle. Dès lors, on
ne s'étonnera pas que, disciple politique du « Grand
Charles » et homme de culture, il se soit intéressé à la
Francophonie et, si l'on peut dire, de l'intérieur, sous
tous ses aspects. Ainsi créa-t-il une nouvelle institu-
tion : les « Conférences franco-africaines » qui, dans
le cadre d'une Francophonie de fait, furent, en réalité,
les premiers « Sommets ». En effet, ces conférences
réunissaient presque tous les chefs d'États francophones d'Afrique ou leurs représentants. A la mort de
Pompidou, M. Valéry Giscard d'Estaing, le nouveau
Président de la République française, eut le mérite de
les continuer.

Plus exactement, avec le Président Giscard d'Estaing, on essaya, conférence après conférence, de
cerner le problème. C'est ainsi qu'en deux sessions, en
1979, puis 1980, je parvins, comme rapporteur, à
faire adopter un projet de Francophonie. Il ne restait
plus qu'à réunir un sommet de tous les chefs d'États
francophones, et pas seulement les Africains, avec, si
possible, chacun en personne. C'est alors que je fus
chargé de recevoir, à Dakar, en novembre 1980, une
conférence des ministres des Affaires étrangères, qui
préparerait le Premier Sommet des chefs d'État, par
lequel serait créée, officiellement, la Francophonie. Il
était entendu que le Président de la République
française réglerait, avec les gouvernements d'Ottawa

et de Québec, l'affaire dite « du Québec ». Mais voilà qu'en octobre je lus un communiqué, bref et comme boudeur, du ministère français des Affaires étrangères annonçant que la France ne participerait pas à la Conférence de Dakar. Aux journalistes qui se précipitèrent pour m'interroger, je répondis simplement : « C'est une querelle entre Grands Blancs. Quand ils se seront mis d'accord, on tiendra le Premier Sommet. »

Enfin, les « Grands Blancs » se sont mis d'accord après six ans de pourparlers, non seulement entre Paris et Québec, sans oublier Ottawa, mais aussi entre Paris et les anciens territoires ou protectorats d'Outre-Mer, devenus indépendants. C'est dans ces conditions que fut réuni à Paris, en février 1986, le « Premier Sommet francophone des chefs d'État et de gouvernement ». Et aucun État ne fut oublié. Pas, surtout, les États d'Indochine, ni même les anciennes colonies belges d'Afrique, devenus indépendants. Ce Premier Sommet, ce n'est pas étonnant, n'a pas beaucoup fait avancer le problème, les problèmes. On s'est perdu dans les détails en parlant surtout économie, finances et techniques, sans oublier les ordinateurs ni les minitels, alors qu'il fallait procéder, non pas à l'anglaise, mais à la française, en commençant par le commencement. Ce problème de méthode et d'organisation est, de tous, le plus important de la Francophonie parce que de la francité. C'est pourquoi je m'y attarderai.

**

Commencer par le commencement, c'est, après avoir défini, comme nous l'avons fait, les mots de « francophonie », « francophone », et surtout « francité », préciser les buts et les objectifs. En d'autres termes, il s'agit, après avoir recensé, mieux, précisé les valeurs de la culture, c'est-à-dire de la civilisation française, de traiter les problèmes scientifiques et techniques, économiques et financiers avec lesquels la Francophonie est confrontée à la veille du troisième millénaire. Cependant, il nous faut, auparavant, « institutionnaliser » la Francophonie en lui donnant un cadre politique. Au demeurant, c'est ce qu'ont suggéré les trois membres de l'Académie française présents au Second Sommet de la Francophonie : Maurice Druon, le secrétaire perpétuel, Michel Droit et moi-même.

Je commencerai donc en traitant le problème de fond que sont les valeurs culturelles de la civilisation, parce que de la langue, française.

Il me faut, d'abord, rappeler certains faits et, pour cela, remonter au début du Moyen Âge, à la chute de l'Empire romain, mais surtout, avec Charlemagne, à la création de l'Empire d'Occident, au début du IXe siècle de notre ère. C'est alors que le français commence d'être parlé dans toute l'Europe, hors des frontières françaises. Ce fut, plus exactement, dans les cours et parmi la bourgeoisie. Arrêtons-nous un moment sur ce fait pour en dire les raisons, qui tiennent essentiellement à la francité.

Je souligne que le français parlé, à côté du latin, dans les universités était une langue savante, au vocabulaire riche et précis : technique. C'est ainsi qu'au XIIIe siècle, sur 3 000 mots du français élémentaire, 25 %, c'est-à-dire le quart, étaient formés de mots savants, tirés du latin ou, mieux, du grec. Si le français, depuis l'Empire d'Occident, mais surtout les XIIIe-XIVe siècles, est devenu, en Europe, la langue des cours, de la bourgeoisie et de la diplomatie, c'est, certes, pour les raisons politiques que voilà, mais, d'abord, pour ses qualités propres, qui tiennent du latin, mais surtout du grec. C'est la raison pour laquelle il a fallu huit siècles ainsi que la puissance économique, financière et technique, mais surtout militaire des États-Unis d'Amérique pour que l'anglais remplaçât le français, comme langue de communication internationale, après la Seconde Guerre mondiale. *Last but not least,* ce sont les mêmes États-Unis d'Amérique qui, après avoir redécouvert le latin, mais surtout le grec, après la Seconde Guerre mondiale, l'ont fait du français depuis quelques années, depuis, précisément, qu'on parle de la Francophonie.

Comme j'ai l'habitude de le dire, le français est le « grec des temps modernes ». Bien sûr, la langue française est née de la langue latine : du latin vulgaire

ou, plus précisément, de celui de la Vulgate. Il reste
que, depuis la Renaissance et l'enseignement des
Humanités gréco-latines en France, la langue de
Descartes s'est enrichie de nouveaux mots : de mots
savants, empruntés au latin, mais surtout au grec. Je
renvoie le lecteur à un document significatif du
« Ministère français de la Recherche et de l'Enseignement supérieur », qui est intitulé : *Listes terminologi-
ques, relatives au vocabulaire de la télédétection
aérospatiale.* Ce qui frappe le lecteur, c'est que
presque tous les mots, scientifiques ou techniques,
sont formés sur des racines ou des mots latins, mais,
le plus souvent, grecs. Il est vrai que le latin avait,
lui-même, beaucoup emprunté à la langue d'Aristote,
qui était beaucoup plus riche, précise et nuancée. Il
suffit, pour s'en convaincre, de comparer les deux
dictionnaires, latin et grec.

Le premier avantage de ces nouveaux mots, outre
leur précision, est que l'homme de culture, qui a fait
ses humanités gréco-latines, les comprend sans peine.
Il y a surtout qu'une fois qu'on les lui a traduits, il
n'en oublie plus les diverses significations. Quand j'ai
lu, pour la première fois, dans un journal, le mot
« Mirapolis », j'ai compris : « Cité des Merveilles ».
En effet, la racine *mir* signifie, en latin, « étonnant »,
« merveilleux », et le mot *polis* signifie, en grec,
« ville, cité ». De même, quand, l'autre mois, on m'a
présenté, à Nogent-sur-Seine, une « orthophoniste »,
j'ai, tout de suite, distingué les trois éléments grecs du

mot : *orthos,* qui signifie « droit », *phônê,* « langue »,
et *-istos,* qui est un suffixe indiquant le caractère ou la
fonction. J'ai donc compris : « qui redresse la voix ».
Ce sont ces emprunts du français scientifique ou
technique qui expliquent, en partie, le retour en force
des humanités gréco-latines, non seulement en France, mais encore dans les autres pays de la Francophonie, singulièrement en Afrique noire. Je m'arrêterai
plus particulièrement aux affixes tirés du grec, c'est-
à-dire aux préfixes, infixes et suffixes. Leurs mérites
tiennent, à la fois, à leur brièveté et à leur précision.
C'est pourquoi le latin les a empruntés, puis le
français.

Le phénomène culturel va beaucoup plus loin. Il
dépasse le simple emprunt ou la fabrication de mots
savants : scientifiques ou techniques. Comme on le
sait, les deux tiers au moins des mots de l'anglais, y
compris l'anglo-américain des USA, viennent du
français, du latin ou du grec. Si paradoxal que cela
puisse être, l'apport majeur de la civilisation latine,
mais surtout grecque, à la francité, on le trouve, non
pas dans le vocabulaire, mais dans la syntaxe et,
par-delà, dans la stylistique de la prose française.
D'un mot, dans la littérature gréco-latine, prose et
poésie. Je n'ai donc pas été étonné en lisant, dans *le
Figaro* du 14 août 1987, un article intitulé « Le latin
revient en force ». Et, de joie, j'ai chanté l'*introït* du
15 Août : *Gaudeamus omnes in Domino.* Je m'en suis
d'autant plus réjoui que le phénomène s'étend aux

deux langues, car le sous-titre de l'article précisait :
« Les effectifs des latinistes et des hellénistes progres-
sent chaque année. »

Mais pourquoi ce retour des humanités gréco-
latines en France ? C'est que les vertus du latin, mais
surtout du grec, dépassent le vocabulaire pour s'étendre à la phrase et, par-delà, au paragraphe, à toute
l'œuvre écrite. Ce qui mérite explication. Quand,
pour parler de ce que j'ai étudié et enseigné, je
compare les langues agglutinantes d'Afrique aux
langues à flexions d'Europe, ce qui me frappe le plus,
c'est moins leurs vocabulaires, voire leurs morpholo-
gies, que leurs syntaxes. A la syntaxe de coordination
ou de juxtaposition des langues africaines, si propre à
la poésie, s'oppose la syntaxe de subordination des
langues albo-européennes. C'est dire que celles-ci sont
essentiellement des langues scientifiques parce que de
raisonnement — je ne dis pas de philosophie.

Je n'en donnerai, ici, qu'un exemple, et simple,
pour mieux me faire comprendre. Voici la traduction,
presque mot à mot, du début d'un conte wolof du
Sénégal : « J'allais à la fontaine. Un jeune homme me
rattrapa. Il me dit : " Je t'aime. " Je lui répondis : " Je
ne t'aime pas. " » On l'aura remarqué, le texte est fait
de six propositions indépendantes. Un Français, fidèle
au génie de sa langue et à sa syntaxe de subordination, aurait, je ne dis pas traduit, mais interprété :
« Comme j'allais puiser de l'eau à la fontaine, un
jeune homme, qui m'avait poursuivie, me dit, après

m'avoir rattrapée : " Je t'aime. " Je lui répondis : " Je
ne t'aime pas. " > La traduction française comprend,
elle aussi, six propositions. Mais, parmi celles-ci, on
compte deux propositions subordonnées : d'abord,
une proposition de temps introduite par « comme »,
puis une proposition relative, mais qui, en même
temps, comme la précédente, marque une cause, en
donnant une explication.

On l'aura remarqué, le texte du conte wolof,
traduit mot à mot, nous présente, l'un après l'autre,
des faits sans préciser leurs particularités, c'est-à-dire
les circonstances qui les lient l'un à l'autre. Ce sont,
précisément, ces circonstances que souligne la traduction française dans deux propositions subordonnées.
La première de celles-ci (« comme j'allais puiser de
l'eau à la fontaine ») est une circonstancielle de temps
tandis que la seconde (« qui m'avait poursuivie »),
sous sa forme relative, est une circonstancielle de
cause. On pourrait même faire de « après m'avoir
rattrapée » une troisième circonstancielle, mais infini-
tive.

J'ai choisi exprès un exemple simple et court. Il
nous aura, cependant, permis de percevoir, par-delà la
richesse et la précision du vocabulaire, la souplesse
nuancée de la langue de Descartes. C'est, encore une
fois, que le français doit beaucoup plus au grec qu'au
latin. En effet, c'est à la langue de Platon qu'il a
emprunté sa souplesse dans la rigueur et ses nuances
dans la clarté.

* * *

Ainsi définies les valeurs de la langue et de la culture françaises, nous pouvons, maintenant, fixer les buts de la Francophonie avant d'en dresser le cadre politique ou, *ad libitum,* les institutions. Nous le ferons d'autant mieux que, par comparaison, nous aurons toujours présents à l'esprit les buts et, si l'on peut dire, les institutions du Commonwealth.

Le Commonwealth, plus précisément, le Commonwealth of Nations, la « Communauté des Nations », a été redéfini en 1971, après l'adhésion de pays du Tiers Monde, comme une « association librement consentie d'États souverains et indépendants, ayant, chacun, la pleine responsabilité de ses décisions politiques, qui se consultent et coopèrent en vue de servir les intérêts communs de leurs peuples et la cause de la compréhension et de la paix mondiales ». Cette définition, très générale, des objectifs — je ne dis pas des buts — du Commonwealth ne traduit pas assez bien la force des intérêts qui unissent ses membres. C'est ainsi que, dans toutes les grandes organisations internationales, comme l'Onu et ses organismes spécialisés, les représentants du Commonwealth se réunissent, presque toujours, pour discuter de leurs intérêts communs. Ce que ne font pas encore les délégations des pays francophones, même quand ceux-ci sont d'anciens membres de la défunte « Com-

munauté » ou de futurs membres de la Francophonie.

Cela tient, essentiellement, à ce que la « Communauté organique de la Francophonie » — c'est le titre
que je lui avais donnée — sera, naturellement,
différente du Commonwealth. Conformément à la
pratique comme à la théorie de cette dernière
association, une fois admis l'anglais comme langue de
communication internationale, mais maintenues les
différences culturelles, l'objectif du Commonwealth
est la prospérité économique, le *wealth*, de chaque
nation dans le cadre d'une paix mondiale. Dans la
Francophonie, sans négliger l'aspect économique du
problème, dont la zone franc est la préfiguration, il
s'agit de mettre l'accent sur la culture, sans répudier,
pour autant, l'économie ni la politique. Pourquoi
l'accent sur la *Culture?* C'est que, dans la pensée
française, la culture, c'est-à-dire la création ou l'esprit
d'une civilisation, est la condition *sine qua non*,
mieux, le facteur le plus efficace du développement
scientifique et technique, partant, économique et
social. Et ce n'est pas hasard si le Président François
Mitterrand a pris, en 1983, l'initiative d'un colloque
international à la Sorbonne, intitulé Création et
Développement, que j'ai présidé.

Cela confirme l'importance que la France et les
pays francophones accordent à la culture, considérée
comme le facteur majeur de développement dans tous
les sens. Car la France n'a pas manqué, en son temps,

de transmettre cette option à ses anciens protectorats et colonies, singulièrement en Afrique. Si bien qu'aujourd'hui, certains pays d'Afrique parmi les plus avancés, mais sans ressources naturelles extraordinaires, consacrent le quart, le tiers de leur budget annuel à l'Éducation, à la Formation et à la Culture. Ce qui leur a permis, au cours des vingt premières années de l'indépendance, de multiplier par deux, et même par trois le revenu par tête d'habitant. Je songe, parmi d'autres, à la Tunisie, au Maroc, à la Côte-d'Ivoire et au Sénégal.

Il est temps, à partir de ces précisions et de mes rapports faits aux conférences franco-africaines de 1979 et 1980, de vous dire ce que pourraient devenir, améliorées, les structures et la vie de la Communauté organique de la Francophonie, telles qu'elles pourraient être précisées en 1989, au Sommet de Dakar. Ce dernier titre, bien sûr, peut être modifié sans inconvénient, de même que les structures, mais surtout pas l'esprit de la Francophonie pour les raisons que nous verrons plus loin. Il est entendu que je tiens compte, ici, des résultats du Second Sommet des chefs d'État et de gouvernement : celui de Québec.

Il s'agit, maintenant, avant même de dessiner les structures, de dire, sur les cinq continents, les pays qui pourraient adhérer à la Francophonie. Ont vocation à le faire tous les pays, tous les peuples indépendants ou simplement autonomes qui emploient la langue de

Descartes comme langue nationale, officielle ou de communication internationale. Ce pourra même être simplement comme première langue étrangère, enseignée dans les lycées et collèges, ou encore comme langue classique, c'est-à-dire comme le grec des temps modernes, ainsi que je l'ai vu faire dans certains pays du Tiers Monde.

La Francophonie couvrira donc les cinq continents. Mais pour quoi faire exactement? Je répondrai : « Pour réaliser l'œuvre que font les communautés culturelles que je désigne, aujourd'hui, sous les noms d'*Hispanophonie* et de *Lusophonie*. » Précisément, il n'est pas indifférent qu'on n'ait pas pris l'habitude d'appeler le « Commonwealth » « Anglophonie ». A cause des États-Unis d'Amérique, bien sûr, mais, encore une fois, parce que le *wealth*, l'économique, caractérise le Commonwealth. Cela ne signifie pas que, dans la Communauté organique de la Francophonie, les problèmes économiques seront négligés. Que non pas! Cela veut dire, comme je l'ai précisé plus haut, qu'ils seront, non même pas subordonnés à, mais conditionnés par la solution humaniste des problèmes culturels. Cependant, ce ne sera pas dans le sens de l'impérialisme, encore moins du colonialisme culturel.

En effet, depuis le professeur Paul Rivet, qui était à la fois un biologiste et un linguiste, c'est-à-dire un homme de haute culture, l'option de la *symbiose biologique et culturelle*, pour ne pas parler de « métissage », s'est confirmée en France et dans les pays francophones. C'est ce que prouve, entre autres et sous le général de Gaulle, le fameux *Rapport Jeanneney* du 18 juillet 1963 sur « la Politique de Coopération avec les Pays en Voie de Développement ».

Je n'en citerai que ces lignes : « La France peut aussi attendre de sa coopération des avantages économiques indirects et un enrichissement culturel... Que la France imprègne d'autres pays de ses modes de pensée, elle tisse des liens dont l'intimité les incitera à lui apporter, à leur tour, le meilleur d'eux-mêmes. La culture française s'est épanouie, au cours des siècles, grâce à des apports étrangers constamment renouvelés. Si les pays qui auront reçu d'elle une initiation à l'esprit scientifique lui font connaître des modes nouveaux d'expression artistique ou des conceptions philosophiques, sociales ou politiques originales, notre civilisation s'en trouvera enrichie. » Ce texte est capital. Il l'est d'autant plus que, même parmi les pays latins, il est rare d'entendre, non pas des professeurs ou des écrivains, mais des hommes politiques tenir de tels propos. Sauf au Portugal, où j'ai ouvert précisément, en 1980, un « Colloque sur le Métissage » à l'Université d'Evora.

Vous aurez noté : « notre civilisation s'en trouvera enrichie ». A la page précédente, le rapport Jeanneney avait présenté la culture française comme « prétendant à l'universalité ». C'est là une idée empruntée à Pierre Teilhard de Chardin, qui, dans une vision prophétique du monde, nous présentait les différentes civilisations humaines multipliant leurs échanges dans un dialogue réciproquement fécondant, pour aboutir à la « Civilisation de l'Universel ». C'est dire qu'au « rendez-vous du donner et du recevoir » que constitue la Francophonie, pour parler comme Aimé Césaire, les peuples des quatre autres continents, non européens, ne viendront pas les mains vides. Ceux qui, avec Césaire, ont, dans les années 1930, lancé le mouvement de la Négritude ont beaucoup insisté sur ce dernier point : il s'agit, pour chaque continent, pour chaque peuple, de s'enraciner profondément dans les valeurs de sa civilisation originaire pour s'ouvrir aux valeurs fécondantes de la civilisation française, mais aussi des autres civilisations, complémentaires, de la Francophonie. Ce que la France nous a apporté de primordial, d'irremplaçable, plus qu'aucun autre pays d'Europe, c'est *l'esprit de méthode et d'organisation*, comme j'aime à le dire, ou, pour citer le rapport Jeanneney, « un mode d'expression et une méthode de pensée ». Pour m'en tenir à l'Afrique, celle-ci a, depuis le début du siècle, beaucoup apporté, notamment dans les domaines des Arts plastiques, de la Musique et de la Poésie, j'y reviendrai, sans oublier la Danse, qu'a renouvelée Maurice Béjart, dont le père, Gaston Berger, créateur de la *Prospective*, était un métis franco-sénégalais. Comme on le sait, Gaston Berger a ajouté, aux quelque quarante pas de la danse classique, d'autres

venus des quatre autres continents : d'Afrique naturellement, mais aussi d'Amérique noire comme de
l'Inde dravidienne.

C'est dire que, comme les pays du Maghreb, qui,
dans ce domaine, sont exemplaires, les pays d'Afrique
noire, d'Asie et d'Océanie commenceront par choisir,
chacun, une ou plusieurs langues originaires pour en
faire des « langues nationales ». Il n'est pas question
d'écarter le français, pas même d'en faire une
« langue étrangère », mais bien une « langue officielle » ou de « communication internationale ». C'est le
cas au Sénégal, où les six principales langues d'origine
authentiquement africaine sont étudiées selon les
méthodes scientifiques les plus modernes, soit à
l'Institut fondamental d'Afrique noire, qui est un
vieil institut de recherche, soit au Centre de Linguistique appliquée de l'Université Cheikh Anta Diop de
Dakar.

Ainsi justifiée la Francophonie, comme « un projet
de civilisation humaine » — *dixit* le rapport Jeanneney —, il est temps d'en venir à sa réalisation au plein
sens du mot, mais d'abord à son organisation
structurelle.

Je partirai de la Conférence franco-africaine tenue à
Nice, du 8 au 10 mai 1980. Un projet cohérent en
était sorti, qui était une synthèse des propositions du
rapporteur que j'avais été, des apports des experts et
des amendements des chefs d'État et de gouvernement.

Tout en nous inspirant, en partie, parmi d'autres communautés, des structures et du fonctionnement du *Commonwealth*, nous entendions faire œuvre neuve, à la française encore une fois. Il s'agissait, il s'agit toujours, en ce dernier quart du XXe siècle, de préparer, pour notre ensemble francophone, voire latinophone, une communauté de peuples différents, mais solidairement complémentaires. Et donc, une communauté solide pour la réalisation de la Civilisation de l'Universel, qui sera celle du troisième millénaire. Bref, une communauté créatrice parce que de droit écrit, et rationnellement organisée. J'ai donc, ici, repris les grandes lignes de mon rapport de 1980, mais en l'améliorant dans un esprit de création.

Voici ce que seraient les organismes de la Francophonie :

- *la Conférence des chefs d'État ou de gouvernement,*
- *le Secrétariat général,*
- *les Conférences ministérielles,*
- *la Fondation internationale pour les Échanges culturels.*

Que tous ces organismes doivent avoir, chacun, leur siège à Paris, cela va de soi. Parce que le modèle de la langue française est celui parlé à Paris par les hommes de culture, et non plus « par la bourgeoisie », comme on nous l'enseignait en Sorbonne. Mais surtout pour cette raison, majeure, que l'Europe est devenue le centre de la civilisation humaine depuis quelque 2 500 ans que l'Afrique lui a passé le flambeau. Depuis lors, elle continue de s'enrichir des apports de l'Asie et de l'Océanie à l'est, des deux Amériques à l'ouest. Et voici, de nouveau, que l'Afrique, en ce XXe siècle, est rentrée dans le jeu, et souvent par le détour des deux Amériques.

La Conférence des chefs d'État et de gouvernement sera la plus haute instance. Elle se réunira à intervalles réguliers, tous les deux ans par exemple, étant entendu qu'il y aura, à l'occasion, des réunions extraordinaires. Il est entendu également que ce sera, autant que possible, soit à Paris, soit, à tour de rôle, dans une autre capitale. Ces réunions au sommet seront toujours précédées, préparées par une conférence des ministres des Affaires étrangères. Celle-ci serait assistée du Comité du Suivi, qui a été maintenu par le Sommet de Québec. Il reste que la plus grande liberté caractérisera la Conférence au Sommet, qu'en particulier, au début, tout chef d'État ou de gouvernement pourra la saisir de tout problème qu'il lui paraîtra opportun de soulever. Il s'agira, assurément, pour faire de la Francophonie le modèle et le moteur de la Civilisation de l'Universel, de favoriser les échanges d'idées en respectant la personnalité originaire et originale de chaque nation.

Le Secrétariat général, comme l'indique son nom, assurera des fonctions d'étude, de préparation et d'exécution, mais aussi de coordination. Encore que situé à Paris, comme les autres organismes, son titulaire pourra ne pas être français. Enfin, le Secrétariat général sera chargé d'animer les divers organismes de la Francophonie.

Les Conférences ministérielles seront générales ou régionales. Les ministres des Affaires étrangères, qui, dans la Communauté organique, auront un rôle prépondérant, se réuniront au moins une fois par an, assistés du Comité du Suivi. Ils commenceront par un tour d'horizon des problèmes mondiaux, puis ils examineront les rapports qui leur auront été soumis par les ministres spécialisés, pour en retenir ce qui devra être présenté aux chefs d'État et de gouvernement.

Quant aux conférences des ministres spécialisés, et d'abord des ministres de l'Éducation, de la Culture, de la Jeunesse et des Sports, elles seront ouvertes à tous les États membres. Cependant, en dehors des ministres chargés de l'Éducation ou de la Culture, la participation ne serait pas obligatoire. Ainsi serait laissée plus de souplesse et, partant, d'efficacité au système.

S'agissant, enfin, de la Fondation internationale pour les Échanges culturels, elle commencera par absorber l'actuelle Agence de Coopération culturelle et technique. Elle aura pour objectif majeur de réaliser l'œuvre culturelle de compréhension et d'enrichissement réciproques qui est le but ultime de la

Francophonie. C'est ainsi que la Fondation pourrait
avoir trois départements :

- *un Conseil des Langues et Cultures,*
- *une Agence de Coopération culturelle et tech-*
  nique,
- *un Centre d'Information.*

Si j'ai employé le conditionnel, c'est que le nombre
et les fonctions des départements sont moins intangi-
bles que le principe même de la Fondation. Cependant, comme *je crois* à celle-ci, je vais reprendre
l'indicatif.

Le Conseil des Langues et Cultures aura pour tâche
dominante l'identification, la protection, le développement et la diffusion des différentes expressions
culturelles de nos nations respectives, voire des régions
au sein d'une nation. Il serait utile d'y créer diverses
sections, dont :

- *une section des Langues de Communication inter-*
  nationale (je songe au français et à l'arabe
  entre autres),
- *une section du Latin et du Grec,*
- *une section des Langues africaines,*
- *une section des Langues asiatiques.*

Je voudrais m'arrêter ici pour insister sur l'importance, dans l'Hexagone, des langues régionales, par-

ticulièrement sur le *basque* et le *breton*. C'est que la première de ces langues est une langue agglutinante, venue la dernière d'Afrique avec d'autres langues ibères et le ligure, aujourd'hui disparus, mais aussi avec le plain-chant et la polyphonie. Quant au breton, on en mesurera l'importance en se rappelant que le fonds de la population de l'Europe occidentale est d'origine celtique. A la vérité, comme me le faisait remarquer un ami allemand, le sang germanique n'y représente pas plus de 20 %, même en Allemagne. Que les langues et cultures régionales de l'Hexagone puissent être ressuscitées et cultivées, je n'en veux pour preuve que la reconnaissance de leur légitimité par M. François Mitterrand, Président de la République française. Il s'y ajoute, pour le breton, que c'est un des rares dialectes de la langue celtique qui ont été sauvés. Et d'après ce que j'en ai entendu, c'est une langue plus mélodieuse que les langues germaniques.

J'aurai garde de ne pas oublier le *norrois*, que parlaient les Normands quand ils ont envahi le Nord-Ouest de la France. Hélas! Oserai-je le dire? il en est resté surtout un certain accent. Cependant, à la réflexion, subsiste l'essentiel : un certain esprit, lucide, accompagné d'une certaine sensibilité, délicate. Voilà pourquoi, si je suis bien renseigné, l'Université normande a créé un certain diplôme régional avec l'étude, entre autres, de la civilisation scandinave. Pour ma part, je ne peux qu'applaudir à cette heureuse initiative.

Apportées ces précisions régionales, j'arrive à l'Agence de Coopération culturelle et technique. Celle-ci, qui existe déjà, serait élargie aux dimensions de la Communauté organique. Elle aura surtout, non pas un rôle d'études, comme en aurait le « Conseil scientifique » – qui pourrait être créé –, mais un rôle concret d'exécution pour les initiatives et projets de coopération culturelle.

Quant au Centre d'Information, sa fonction sera de favoriser, voire, auparavant, d'organiser les communications entre les nations de la Francophonie. C'est dire qu'il aura, d'abord, un rôle d'information sur la vie de la Francophonie. Il aura aussi à faire connaître les travaux de ses différents organismes, sans oublier les nombreuses associations francophones qui existent depuis plusieurs années. Le Centre, en outre, aidera à réaliser, entre les pays intéressés :

– la libre circulation des œuvres des créateurs : écrivains, artistes, professeurs, savants et techniciens;

– les traductions ou reproductions d'œuvres littéraires ou artistiques, scientifiques ou techniques;

– les échanges des expériences les plus significatives en matière culturelle, scientifique et technique;

– la participation francophone, enfin, à la vaste et profonde révolution culturelle qui, en ce dernier quart du XXe siècle, prépare la Civilisation de l'Universel.

Où en est-on aujourd'hui, en septembre 1987, dans l'édification de la Francophonie? Encore que le sommet qui vient de se tenir à Québec n'ait pas beaucoup fait avancer la réalisation de la Francophonie, on y a, au moins, posé le problème de la méthode : celui de l'*institutionnalisation de la Francophonie*. Au prochain sommet, celui de Dakar, ce dernier problème sera certainement reposé, et clairement, sinon résolu.

Le retard à le faire n'aura pas été inutile. Outre que, depuis 1980, le nombre des membres de l'ACCT s'est accru, le Président François Mitterrand a engagé le mouvement. Il a, en effet, créé un Haut Conseil de la Francophonie, qui est composé de vingt-sept membres, « représentatifs des grandes composantes de la Francophonie ». Il s'y est ajouté, grâce à Jacques Chirac, un Commissariat général de la Langue française auprès du Premier ministre et un Comité consultatif de la Langue française, qui remplace l'ancien « Haut Comité de la Langue française ».

Il y a surtout que le Président de la République française a réuni, l'an dernier, du 17 au 19 février, le Premier Sommet francophone des chefs d'État et de gouvernement. Pour une fois et par souci d'efficacité, il a procédé à l'anglaise. Ce furent, en effet, des discussions ouvertes où tous les problèmes ont été abordés, mais, heureusement et surtout, des problèmes économiques et financiers, sans oublier, naturellement, les problèmes culturels, dont les industries de la langue. Il s'y ajoute que, nommé Premier ministre après les élections du 16 mars 1986, M. Jacques Chirac s'est, tout de suite, attelé au problème. Non seulement il a nommé un ministre de la Coopération en la personne de M. Michel Aurillac, un spécialiste des problèmes africains, mais encore un secrétaire d'État à la Francophonie, Mme Lucette Michaux-Chevry, une Guadeloupéenne. Loin d'avoir nui à la Francophonie, la *cohabitation* lui a donné une nouvelle impulsion.

Nous avons profité de ce Sommet, Stélio Farandjis, le secrétaire général du Haut Conseil de la Francophonie, et moi, le vice-président, pour tenir une conférence de presse au Grand Palais, dans le cadre d'Expolangue. C'était l'occasion, pour moi, de proposer, pour la Francophonie, des langues classiques à enseigner dans les collèges, lycées et facultés. J'ai proposé cinq langues : le latin, le grec, l'arabe classique, l'égyptien ancien et le chinois. Le latin et le grec, langues albo-européennes, pour le rôle qu'ils jouent encore dans l'enseignement du français; l'arabe classique parce que la moitié des Arabes — je ne dis pas des États — sont entrés dans la Francophonie; l'égyptien ancien parce que c'est une langue agglutinante et que près de la moitié des langues africaines sont construites sur son modèle, principalement les langues bantoues; le chinois, enfin, parce qu'à son tour, c'est le modèle des langues à tons d'Asie, comme le vietnamien.

C'est l'occasion de mentionner mon projet de *Latinophonie*. Si l'on veut vraiment réaliser, non pas la seule Civilisation, mais l'*Humanisme de l'Universel,* nous devons insérer la Francophonie dans un ensemble plus vaste, qui comprendra toutes les nations qui ont vocation à se servir d'une langue néo-latine ou du grec comme langue nationale, langue classique ou langue de communication internationale. Toutes ces nations réunies représenteraient près d'un milliard d'hommes. Il s'agirait, plus précisément, une fois réalisée la Francophonie, de l'insérer, à son tour, dans une association des pays ou groupes de pays de langue néo-latine. Je songe à l'Espagne, à l'Italie, au Portugal et aux vingt-deux pays d'Amérique latine, sans oublier, naturellement, la Belgique, ni le Luxembourg, ni même la Suisse. Ce n'est pas hasard si, au Premier Congrès des Orthopédistes de Langue française, que j'ai ouvert à Monaco, le 26 mars 1986, on compta des orthopédistes espagnols, italiens, et latino-américains.

* *

« C'est une belle idée, et grandiose, votre projet de Francophonie, me dit-on souvent à l'étranger, parfois même en France. Mais pourquoi ne pas adopter, simplement, l'anglais comme langue de communication internationale, puisqu'il est, aujourd'hui, la langue la plus répandue à travers tous les continents et dans tous les domaines? Et puis, c'est tellement plus facile à apprendre! » Ce sont là deux faits que l'on ne peut nier. Il reste que le problème est mal posé. Il est de savoir si, aujourd'hui que nous sommes, *nolentes volentes,* poussés vers la Civilisation de l'Universel, l'intérêt de l'humanité se trouve dans le choix du français ou de l'anglais. Pour être plus précis, si, en 1987, trois ans après l'année où nous avons fêté le bicentenaire du *Discours sur l'Universalité de la Langue française,* les arguments de Rivarol, mais aussi du professeur Schwab, l'Allemand, sont toujours valables.

Le premier argument contre l'anglais est que, si, au début du XXe siècle, après la Seconde Guerre mondiale, il est devenu la première langue de communication internationale, il ne le doit ni à l'étendue, ni au rôle du Commonwealth sur notre planète, mais bien à la superpuissance économique, militaire et politique des États-Unis d'Amérique. C'est d'autant plus vrai qu'à côté de la morphologie et de la syntaxe, qui sont simples, trop simples, la langue de Shakespeare nous présente une orthographe et une prononciation qui ne le sont pas. Je dis « trop simples », car le problème est de choisir moins une langue de facilité que de ressource. Je parle d'une langue qui soit la plus belle possible, tout en nous permettant de mieux exprimer toutes les richesses, et de l'univers, et de la sensibilité comme de l'esprit humains. C'était là le sens du concours organisé par l'Académie de Berlin sous la forme des trois questions que voici :

— *Qu'est-ce qui a rendu la langue française univer-*
selle?
— *Pourquoi mérite-t-elle cette prérogative?*
— *Est-il à présumer qu'elle la conserve?*

Ainsi partait-on d'un jugement de fait pour
aboutir à un jugement de valeur, étant entendu que
c'est ce dernier qui est le fond du problème. C'est lui
que nous allons examiner avant de dire comment se
présente, aujourd'hui, à nous francophones, le problème de l'universalité de la langue française.

Le professeur Schwab, dans son discours, nous a
fait remarquer que, de toutes les langues vivantes, la
langue française était la plus répandue, au Moyen
Age, parmi les nations de l'Europe. Elle le fut, en
réalité, dès le XIIIe siècle, comme je l'ai dit, et elle le
resta jusqu'à la Seconde Guerre mondiale. Et il s'y
ajoute, argument majeur, que les qualités qui l'impo-
sèrent à l'Europe subsistent encore aujourd'hui, à la
prononciation près.

Je ne reprendrai pas ici, comme je l'ai fait dans
mon article sur le « Discours » de Rivarol, tous les
arguments contre les plus grandes langues européennes qu'étaient, que sont encore l'allemand, l'espagnol et l'italien. Tout en reconnaissant à chacun ses
mérites — et il fait, en passant, l'éloge du métissage
biologique et culturel —, ce que Rivarol leur reproche, c'est, à l'allemand sa « prononciation guttura-

le », à l'espagnol l' « enflure » du style et à l'italien
la « préciosité ». Naturellement, il a laissé l'anglais
pour la fin.

Pour l'anglais, plus qu'il ne l'a fait précédemment,
il note, avec les invasions, les emprunts culturels faits
aux Français et, par eux, aux Latins et aux Grecs.
Encore que la langue anglaise ait été ainsi adoucie et
enrichie, précise Rivarol, elle a gardé, dans sa
prononciation, les rudesses de l'allemand et, dans sa
littérature, le désordre du génie germanique.

Il ne lui restait plus, il ne nous reste plus qu'à
rappeler les vertus de la langue et de la littérature : du
génie français. Celui-ci est le résultat d'une triple
symbiose géographique, ethnique et culturelle. On la
connaît assez pour que je ne la détaille pas. D'autant
que je l'ai définie plus haut. Je ne m'arrêterai donc
qu'à ses résultats : à la *francité*. C'est, en art et en
littérature, le « goût » et la « grâce », qui font son
« charme ». C'est, plus précisément, dans la langue
française, qui intéresse aussi les savants et techniciens,
cette « logique naturelle » et cette « admirable clarté » qu'elle a conservées depuis Descartes jusqu'à
aujourd'hui.

Mais il y a deux *mais,* dont il nous faut être
conscients, qu'il faut surtout combattre méthodique-
ment et vigoureusement. C'est une certaine prononciation, montée du Sud, de la Méditerranée, mais,
encore plus, une certaine anglomanie.

La prononciation méridionale a deux défauts

majeurs, qui troublent la mélodie naturelle de la langue française. C'est, d'une part, de restreindre les possibilités d'ouverture et de fermeture des voyelles, les Méridionaux ouvrant trop souvent les voyelles fermées, comme dans « chose »; d'autre part, de faire entendre toutes les consonnes finales qui figurent dans l'orthographe des mots, même quand le mot suivant commence par une consonne. Ce qui produit un choc, désagréable, de consonnes. C'est ainsi qu'on entend souvent prononcer : « quan*tt* les hommes arrivèrent », « ces propos son*tt* désormais inadmissibles », etc. Vous le savez, la grammaire française nous apprend que, sauf exception, les consonnes finales ne se prononcent pas, singulièrement les labiales, dentales, gutturales ou vélaires. Sauf s'il y a une liaison à faire avec le mot suivant quand celui-ci commence par une voyelle.

Quant à l'anglomanie, qui est la maladie des snobs, on oublie seulement, encore une fois, que les deux tiers des mots de l'anglais proviennent du latin, du grec ou, le plus souvent, du français. On nous parle, je le sais, de la foule des néologismes que créent, chaque année, les Anglais, mais surtout les Américains, qui sont aux avant-postes des sciences et des techniques. Je suis d'autant moins convaincu que, comme me l'a appris un ancien directeur du FMI, ces nouveaux mots sont créés, jetés au petit bonheur en s'inspirant d'analogies qui ne sont pas suffisamment rationnelles. Il y a un minimum de rationalité à observer. Les néologismes français, au contraire, je l'ai dit plus haut, sont créés, non seulement à partir de racines latines ou grecques, mais encore d'*affixes,* c'est-à-dire de *préfixes, suffixes* ou *infixes,* tirés des langues classiques que voilà.

C'est pourquoi il est nécessaire de maintenir, dans l'enseignement du second degré, le latin et le grec comme matières à option dans la section classique, à côté de l'arabe. C'est, de nouveau, ce que font des États d'Afrique noire, comme le Sénégal, la Côte-d'Ivoire, le Cameroun, le Gabon, le Congo, le Zaïre. Cela n'a pas empêché le Sénégal de faire des Mathématiques la première discipline de l'enseignement du second degré, même pour la section classique.

Cependant, le plus grave dans l'anglomanie ne concerne pas le vocabulaire. J'insisterai donc sur la syntaxe française, que Rivarol qualifie d'incorruptible. Sur la syntaxe, qui, contrairement aux opinions anciennes, ne se distingue pas de la morphologie : par sa rigueur, elle exprime la « logique naturelle » et l'« admirable clarté », par ailleurs nuancée, de la pensée française. Je ne m'arrêterai pas sur l' « ordre direct » de la phrase comme de la proposition françaises. Car cet ordre, qui existe aussi dans les langues négro-africaines, est plus courant que ne le croyait Rivarol. Ce qui distingue les langues indo-européennes (je dis « albo-européennes »), par rapport à nos langues agglutinantes d'Afrique et d'Asie du Sud, c'est, une fois de plus, leur « syntaxe de subordination ». Et ce qui singularise le français, c'est l'abondance des temps et des modes, quand nos langues se caractérisent par l'abondance des *aspects* du verbe, c'est-à-dire des manières concrètes dont se présente ou se déroule l'action ou l'état exprimé.

Si le français met l'accent sur le temps, c'est-à-dire le moment où le sujet parlant situe l'action, c'est pour marquer un lien logique de cause à effet. D'où, au mode indicatif par exemple, les huit temps dont il dispose, sans compter les temps « surcomposés ». D'où encore l'importance de la concordance des temps. Tout aussi important est le grand nombre des modes qui, à la précision des temps, ajoute des nuances. C'est le cas du conditionnel et surtout du subjonctif : mieux que la pensée subjective, ce dernier mode ajoute le sentiment avec toutes ses nuances, qui, plus qu'on ne le croit, qu'on ne le dit, caractérise les Français. Quand, étudiant, j'ai débarqué en France par un frileux mois d'octobre, ce qui m'a réchauffé le cœur, c'est la gentillesse française, et dans tous les sens de l'expression.

« Syntaxe de subordination », ai-je dit, pour revenir sur l'essentiel. Cela signifie, dans le cas d'une phrase complexe, que la proposition principale, qui exprime l'idée ou le fait dominant, est accompagnée de plusieurs conjonctions, qui introduisent des propositions subordonnées exprimant des déterminations ou nuances secondaires. Mais, et c'est ce qui fait la richesse du français, l'idée ou le fait circonstanciel peut aussi être exprimé par un syntagme, c'est-à-dire un groupe de mots, voire par un seul mot, souvent entre virgules.

De l'importance de la virgule, qu'on méconnaît trop souvent. Bien sûr, on l'emploie, comme dans toutes les langues, pour séparer des éléments semblables, non unis par une conjonction de coordination. On emploie encore la virgule, soit pour marquer l'ellipse d'un mot, soit pour isoler, en soulignant, une idée circonstancielle ou un fait, qu'il s'agisse d'un mot, d'une expression, d'une proposition. Mais ce qui, plus que tout autre fait grammatical, caractérise le génie français, c'est l'emploi que voici de la virgule. Dès que le fameux ‹ ordre direct › de la phrase ou de la proposition est perturbé (sujet, verbe, complément d'objet, complément circonstanciel), on marque l'idée, le sentiment ou le fait mis en relief en l'encadrant par deux virgules, par une virgule et un point, ou par un point-virgule.

Je voudrais, maintenant, m'acheminer vers la conclusion de ce chapitre en vous disant quels me paraissent être nos devoirs pour la défense et illustration de la langue française parce que de la francité, et de la Francophonie. Je vous renvoie, à ce propos, au volume II, numéro 1 de *Perspectives universitaires,* la nouvelle revue de l'Association des Universités partiellement ou entièrement de Langue française. Ce numéro est significativement intitulé « Le français, Langue internationale de la communication scientifique et technique ».

Il s'agit de savoir comment, tous ensemble, les États de la Francophonie, bien sûr, mais aussi les universitaires en général, plus spécialement savants et chercheurs, ingénieurs et techniciens, écrivains et artistes, nous enrichirons la langue française. Ce qui est encore le meilleur moyen de la défendre et de l'étendre sur toute notre planète Terre. Aux suggestions que j'ai faites tout au long de ce chapitre pour le maintien ou la création d'une section des langues classiques dans l'enseignement du second degré, j'ajouterai des propositions pratiques.

Tout d'abord, dans les conférences internationales, en commençant par l'Onu et ses organismes spécialisés, il nous faut, non seulement parler français, mais encore parler en français. Pour le moment, ce sont surtout les francophones d'Outre-Mer qui respectent cette règle. C'est ce que souligne l'incident que m'a raconté, l'autre année, le président de l'Association des Professeurs africains de Mathématiques. Il rentrait d'un congrès mondial de mathématiciens tenu à New York. Présidant une séance, il s'était exprimé, naturellement, en français. Et voilà que des Américains, furieux, se répandent dans les couloirs en vitupérant : « Il a du culot, ce Nègre! Présider en français quand les Français eux-mêmes interviennent en anglais! ❯

La deuxième règle sera, toujours dans les conférences internationales, d'exiger, et la traduction simulta-
née, et les documents, ronéotypés ou imprimés, dans
les langues officielles, dont le français. Jusqu'ici, ce
sont surtout les francophones d'Outre-Mer, notamment les Africains, qui l'ont fait.

La troisième règle sera, au niveau des organisations
internationales francophones, dont l'AUPELF et
l'ACCT, mais aussi au niveau de chaque État ou
région francophone, de faire porter notre effort sur la
publication en français d'ouvrages fondamentaux
dans les domaines des sciences et des techniques.

La quatrième, enfin, sera, dans la rédaction des
articles comme des ouvrages scientifiques et techniques en français, de faire un autre effort. Celui-ci
consistera à cultiver les vertus majeures du génie
français, qui peuvent encore être définies par la clarté
dans la logique et la nuance dans la précision. C'est la
raison pour laquelle, dans la réforme de l'enseignement en Afrique francophone, nous avons, au Sénégal, mis l'accent sur les deux disciplines traditionnel-
les de l'École française : l'explication de texte et la
dissertation.

Un mot d'espoir pour finir, car rien n'est perdu.
L'Agence de Coopération culturelle et technique de la
Francophonie réunit, aujourd'hui, trente-neuf États,
et l'Association internationale des Parlementaires de
Langue française, quarante délégations. Sans oublier

qu'à l'Assemblée générale de l'Organisation des Nations unies, quelque trente-trois délégations, soit plus de 20 %, s'expriment en français. Non, rien n'est perdu. Tout dépend de notre courage, mais surtout, c'est le cas de le rappeler, de notre esprit de méthode et d'organisation : de notre *francité,* pour tout dire.

Il nous reste, par-delà la méthode et l'organisation, à créer l'esprit de poésie, c'est-à-dire, au sens étymologique du mot grec *poïêsis,* l'esprit de création.

5

La Révolution de 1889
et la Civilisation de l'Universel

Il est temps de conclure cet essai. Je le sais, mes adversaires nègres, qu'ils soient Africains ou Antillais, me reprochent de consacrer, aujourd'hui, la plus grande partie de mon temps à la Francophonie. Et de citer, parmi d'autres, le fait que je suis, en même temps, membre de l'Académie française et Vice-Président du Haut Conseil de la Francophonie.

Les deux faits sont vrais — le vrai problème est leur signification. Ici et là, on m'a sollicité. Pour m'en tenir à mon élection à l'Académie française, sur laquelle on insiste, et lourdement, si j'avais refusé, le geste eût été grossier : si règne toujours, en Afrique, « le primat de la susceptibilité et de l'honneur », on n'y pratique pas moins cette vertu cardinale qu'est la courtoisie. Il reste que, si je suis entré à l'Académie française, c'était pour y faire entrer, en même temps et en convivialité, la Négritude à côté de la Francophonie. Je veux dire : la Civilisation de l'Universel, si chère à Pierre Teilhard de Chardin. Mes confrères de l'Académie ne me démentiront pas, qui ont créé, avec

une « Commission », un « Prix de la Francophonie ».
Et ce prix a été attribué successivement à deux
Asiatiques : à un Libanais et à un Japonais.

Cependant, avant de conclure sur la Civilisation de
l'Universel, pour la défendre en la définissant, je
rappellerai brièvement ce qu'au chapitre 2 j'ai dit de
la symbiose biologique et culturelle qui, à partir du
IVe millénaire avant notre ère, s'était harmonieuse-
ment réalisée dans le Bassin méditerranéen et au
Proche-Orient.

Or donc, comme l'a confirmé le Premier Congrès
international de Paléontologie humaine, tenu à Nice
en octobre 1982, l'homme a émergé de l'animal en
Afrique, il y a quelque 2 500 000 ans. Et, ajoutent
les congressistes, dont la plupart étaient des Blancs,
Européens ou Américains, les Africains sont restés
« aux avant-postes de la Civilisation » jusqu'au
Paléolithique supérieur, il y a 40 000 ans. Et moi, je
dis, avec mon maître Paul Rivet, l'un des fondateurs
de l'Anthropologie moderne : jusqu'au IVe millénaire
avant notre ère, quand les Égyptiens inventèrent la
première écriture. Je sais que certains leur ont contesté
cette priorité pour l'attribuer aux Sumériens. Je
précise que, même si cette dernière thèse était retenue,
le problème ne changerait pas au fond : les Sumériens
étaient un peuple de couleur parlant une langue
agglutinante, tout comme les Noirs dravidiens de
l'Inde, qui, vers l'an 2500 avant notre ère, inventèrent la troisième grande écriture. Comme on le sait

maintenant, quand les Aryas, les fameux « Aryens » d'Hitler, envahirent l'Inde vers l'an 2000 avant notre ère, ils arrivaient sans écriture. Mais c'étaient de redoutables guerriers, comme, plus tard en Europe, les Germains, un des peuples barbares, comme le précise le Robert, l'un des meilleurs dictionnaires qui soient en France.

En vérité, c'est au IVe millénaire avant notre ère que les peuples blancs, Sémites, puis Indo-Européens (je dis « Albo-Européens »), descendirent de l'extrême Nord jusque dans le Bassin méditerranéen et, à l'Est, jusqu'à la mer d'Oman et à l'océan Indien.

On connaît l'histoire, et même la préhistoire, de « nos ancêtres les Gaulois », et des peuples germaniques et slaves. Je m'arrêterai donc au Proche-Orient. C'est ici, et jusqu'en Inde comprise, qu'à partir du IVe millénaire avant notre ère les invasions sémitiques se mirent à déferler. Ce furent, d'abord, les Akkadiens, Élamites et Assyriens qui s'y installèrent, mais, on l'oublie trop souvent, sur un fond de peuples de couleur, dont les fameux Sumériens. J'aurai garde de ne pas oublier deux autres peuples sémitiques, arrivés plus tard, les Hébreux, puis les Arabes, qui jouèrent un rôle si important dans l'histoire de la civilisation humaine. Car ce sont les Hébreux qu'on trouve à la source des trois grandes religions que sont le Judaïsme, le Christianisme et l'Islam.

Il reste que, dans la grande symbiose culturelle qui accompagna le métissage biologique, les peuples de

couleur, plus exactement les « Négroïdes », comme
les désignent plusieurs anthropologues, jouèrent un
rôle déterminant. Je rappelle, parmi d'autres faits,
que les trois premières écritures furent inventées par
eux : les écritures égyptienne, sumérienne et indienne.
Je sais que certains auteurs, ne pouvant se consoler
que les Égyptiens fussent des nègres, ont attribué
l'invention de la première écriture aux Sumériens.
C'est simplement remplacer « bonnet noir » par
« noir bonnet ».

Rappelés les faits que voilà, je voudrais montrer
que, depuis la Révolution de 1889, les peuples de la
terre, et sur les cinq continents, sont, *nolentes volentes*,
en train d'édifier la Civilisation de l'Universel. Auparavant, souvenons-nous comment le modèle de la
civilisation humaine est passé, non pas de l'Ouest à
l'Est, de l'Égypte au Proche-Orient, mais du Sud au
Nord : de l'Afrique Mère à la Grèce. Si, de l'Égypte à
l'Akkad, à l'Assyrie, à l'Iran et à l'Inde, le passage fut
moins significatif, c'est qu'au Proche-Orient, mais
aussi en Inde, le substrat noir était plus profondément
implanté. Même, surtout dans le cas des Sémites et
des religions révélées.

C'est le moment de rappeler la fameuse phrase
d'Aristote dans son *Éthique à Nicomaque*. La voici
mot à mot : « Il y a donc trois facultés qui nous
permettent de connaître et d'agir : la sensibilité
(*aïsthésis*), la raison (*noûs*), le désir (*oréxis*). » En son
temps, j'en ai fait la traduction littéraire que voici :

« Il y a donc, dans l'homme, trois facultés qui nous permettent de connaître la nature et de la transformer. Ce sont la sensibilité, la raison et le désir. »

Je me remémore la version d'un éminent professeur, J. Tricot, publiée par les Éditions Vrin. Celui-ci avait traduit ainsi la fin de la phrase : « la sensibilité, la raison et la volonté ». Notre professeur était un philosophe et non un helléniste : si le *noûs* grec est bien une symbiose de la raison discursive et de la raison intuitive, par contre, le mot *oréxis* signifie « désir », comme le confirme le meilleur dictionnaire grec-français, qui est l'œuvre de trois hellénistes qui faisaient autorité : Bailly, Séchan et Chantraine. J. Tricot a forcé le sens du mot grec *oréxis* en le réifiant à la française.

Ce faux sens est assez significatif de l'esprit français. René Descartes l'avait déjà commis en reprenant la fameuse phrase dans une de ses *Méditations métaphysiques*. C'est ainsi que « la sensibilité, la raison et le désir » sont devenus, sous sa plume et activement, « le penser, le vouloir et le sentir ». On l'aura remarqué, Descartes a mis la raison, devenue discursive, à la première place tandis que la sensibilité était reléguée à la dernière.

C'est donc aux VIIe, VIe et Ve siècles avant notre ère que les principaux savants, philosophes et écrivains grecs sont allés prendre, des mains des Égyptiens, le flambeau de la civilisation. Et l'Europe, malgré les apports majeurs de l'Asie – je songe aux trois religions révélées –, l'a gardé jusqu'ici, ce flambeau. Je citerai, parmi ces pèlerins de la civilisation humaine : Thalès de Milet, qui rapporta, d'Égypte, les fondements de la géométrie, Pythagore, le philosophe et mathématicien, Eudoxe de Cnide, le philosophe et astronome. Je m'arrêterai à Platon, disciple de Socrate, et à Hérodote, le Père de l'Histoire. Ces deux génies ont joué, ici, un rôle primordial. C'est Platon qui a fait de la philosophie une science et un art en même temps : une symbiose des deux raisons intuitive et discursive. Quant à Hérodote, les fondateurs de la Négritude l'ont souvent invoqué, qui nous dit que les Colchidiens du Caucase sont les parents des Égyptiens, car, comme ceux-ci, « ils ont la peau noire et les cheveux crépus ». J'ai constaté, à cette occasion, combien les préjugés sont tenaces. En effet, le professeur P. E. Legrand, dans sa traduction des Belles Lettres, a rendu le mot grec *mélanchroés*, qui signifie, mot à mot, « qui ont la *peau noire* », par « qui ont la *peau brune* ». Il y a d'autres emprunts que la Grèce a faits à l'Égypte et qu'ont recensés, dans leurs thèses de doctorat, trois jeunes chercheurs sénégalais. Je ne mentionnerai, ici, que celle d'André Ehimba, qui vient, hélas! de mourir. J'ai retenu de lui que plusieurs divinités grecques avaient été empruntées à l'Égypte, dont Dionysos, dieu du mystère lyrique, Cybèle, déesse de la fécondité, et Circé l'Enchanteresse.

Ainsi rappelé ce que la Grèce, et l'Europe, doivent

à l'Afrique, et d'abord à l'Égypte Mère, je voudrais évoquer le rôle qu'a joué la culture grecque en Europe, jusqu'à la Renaissance comprise et même au-delà. Je commencerai par le fait majeur que voici. Au IIe siècle de notre ère, quand l'Empire romain s'étendait de la Germanie au sud de l'Égypte et de l'océan Atlantique à l'Arabie Pétrée, la langue, non pas de l'Administration, mais des honnêtes hommes, c'est-à-dire des gens de culture, était le grec. Bien auparavant, aux IIIe-IIe siècles avant notre ère, la Bible avait été traduite en grec. Et c'est de cette version historique des Septante qu'elle fut retraduite en latin par saint Jérôme et adoptée par le Concile de Trente. Je dis « historique », car c'est grâce à cette traduction, à la Vulgate, que le latin a été, en même temps, enrichi, assoupli, mais surtout nuancé par le grec. Toutes qualités qu'ont conservées les langues néo-latines d'Europe. Si celles-ci, et d'abord le français, ont joué le rôle que l'on sait dans le développement de la civilisation albo-européenne et de son influence dans le monde, elles le doivent essentiellement aux vertus de la langue grecque transmises au latin.

Je viens de parler de la Bible et de sa traduction dans les langues que voilà. Il me faut revenir en arrière, en parlant des grands peuples sémitiques du Proche et Moyen-Orient : de leurs langues et de leurs civilisations, qui, grâce aux religions révélées, ont également marqué de leur sceau la Civilisation de l'Universel. Se servant, comme les Européens, de

langues à flexions, ce que les Sémites ont apporté
d'essentiel, c'est une certaine spiritualité, qui fait la
symbiose des deux raisons, et des trois religions
révélées que sont le Judaïsme, le Christianisme et
l'Islam. Pour être complet, il faudrait y ajouter
l'Hindouisme, qui est la religion de la majorité des
quelque six cents millions d'Indiens.

Faite cette référence aux langues et civilisations
sémitiques, qui expliquent, avec le style, la spiritualité
de la Bible latine, de la Vulgate, on comprendra
mieux le rôle que celle-ci a joué dans la formation de
la civilisation française et pendant tout le Moyen Age,
jusqu'à la Renaissance. Comme on le sait, cette
civilisation du Moyen Age fut à la fois chrétienne et
gréco-latine, c'est-à-dire albo-européenne, mais d'inspiration sémitique par sa spiritualité. D'un mot, elle
fut, comme l'aurait voulu Aristote, une symbiose
équilibrée entre l'Occident et l'Orient. Mais un
Orient déjà métissé pour cette raison que, lorsque
Indo-Européens et Sémitiques y arrivèrent, des peuples noirs y vivaient déjà. Si la « Civilisation occidentale » a duré si longtemps, presque mille ans, de
l'Empire romain d'Occident à la prise de Constanti-
nople, c'est qu'elle avait, pour la première fois au
monde, réalisé une sorte d'universalité. Et les écoles
d'Alexandrie, avec Plotin, et d'Hippone, avec saint
Augustin, ont prouvé que l'Afrique n'avait pas été
absente. Au contraire, ces deux grands hommes de
culture ont été les premiers à tenter de créer une

civilisation de l'universel, qui ferait la symbiose entre l'Afrique, l'Asie et l'Europe : entre le penser, le vouloir et le sentir, mieux, entre le bien et le mal.

Or donc, cette civilisation chrétienne, d'origine gréco-latine et sémitique en même temps, dura jusqu'à la Renaissance, jusqu'à René Descartes et à son « Je pense, donc je suis ». J'ai rappelé, plus haut, que, dans une de ses *Méditations*, Descartes avait repris la fameuse phrase d'Aristote; mais c'était pour la réifier en étouffant la sensibilité, mais surtout en donnant la première place à la raison discursive. Et la civilisation française, qui, depuis Charlemagne, avait tenu une place majeure dans l'Occident européen, se développa ainsi jusqu'au réalisme sans âme du « stupide XIXe siècle », pour parler comme Léon Daudet. La réaction ne tarda pas à se déclencher, qui allait provoquer ce que j'appelle la *Révolution de 1889*.

* * *

Mais pourquoi la *Révolution de 1889*? C'est que cette année, désormais célèbre chez les militants de la Négritude et depuis les années 1930, est celle de deux événements, je ne dis pas littéraires, mais culturels, et majeurs. C'est en cette année 1889, en effet, cent ans exactement après la première Révolution française, que le philosophe Henri Bergson publia sa première grande œuvre, l'*Essai sur les*

Données immédiates de la Conscience, tandis que Paul Claudel le faisait de *Tête d'Or*, sa première pièce de théâtre. Ici et là, c'étaient les premières réactions majeures et convaincantes au *Cogito, ergo sum* : aussi bien au rationalisme discursif qu'au positivisme matérialiste. Dès sa première pièce de théâtre, Claudel animait le drame français de ce souffle lyrique, poétique, par lequel il aspirait à l'absolu. Quant à Bergson, remontant jusqu'aux sources spiritualistes de la philosophie grecque, à la *théôria*, il a redonné sa place à la raison intuitive, comme c'était le cas en Égypte, en Afrique, où l'avait retrouvée Platon.

Il reste que, si nous voulons bien comprendre Claudel, et Bergson avec, il nous faut remonter à sa conversion, en 1886, dont nous avons célébré solennellement le centenaire l'an dernier. Et ce n'est pas hasard si, à cette occasion, on m'a invité à participer aux manifestations qui, à Caen, ont été organisées. C'est ainsi que j'ai donné une conférence sur Claudel à l'Université et qu'au Séminaire, j'ai présidé la première partie d'un colloque.

Il y a mieux, quand Césaire et moi nous avons, avec Alioune Diop et Léon-Gontran Damas, lancé le mouvement de la *Négritude*, nous ne jurions plus que par Paul Claudel et Charles Péguy. Mieux, nous les avions négrifiés en les présentant comme les modèles des « Poètes nègres » que nous voulions être. Vraiment, nous ne croyions pas si bien dire. Car si nous les sentions alors, et intensément, nous nous dispensions, pour cela même, d'en chercher les preuves. Jusqu'au jour où nous avons fini par les découvrir dans *Ma Conversion* de Paul Claudel. En voici ce qui était l'essentiel pour nous : « Que l'on se rappelle ces tristes années quatre-vingt, l'époque du plein épanouissement de la littérature naturaliste. Jamais le joug de la matière ne parut mieux affermi. Tout ce qui avait un nom dans l'art, dans la science et dans la littérature était irréligieux... A dix-huit ans, je croyais donc tout ce que croyaient la plupart des gens dits cultivés de ce temps. La forte idée de l'individu et du concret était obscurcie en moi. J'acceptais l'hypothèse moniste et mécaniste dans toute sa rigueur, je croyais que tout était soumis aux " lois " et que ce monde était un enchaînement dur d'effets et de causes que la science allait arriver, après-demain, à débrouiller parfaitement. Tout cela me semblait d'ailleurs fort triste et fort ennuyeux... La première lueur de vérité me fut donnée par la rencontre des livres d'un grand poète, à qui je dois une éternelle reconnaissance et qui a eu, dans la formation de ma pensée, une part prépondérante, Arthur Rimbaud... La lecture des *Illuminations*, puis, quelques mois plus tard, d'*Une saison en enfer* fut pour moi un événement capital. Pour la première fois, ces livres occupaient une fissure dans mon bagne matérialiste, et me donnaient l'impression vivante et presque physique du surnaturel. »

Cette longue citation prouve que la Révolution de

1889 trouve ses sources non seulement dans les œuvres du philosophe Bergson, mais encore et surtout dans celles des poètes Rimbaud et Claudel. Qu'on relise seulement de celui-ci la *Lettre du Voyant* et les *Illuminations*, mais surtout *Une saison en enfer*, et l'on en sera convaincu. C'est ici que Rimbaud a proclamé, plus qu'il ne l'a défini, son nouvel art poétique. Écoutons-le : « Oui, j'ai les yeux fermés à votre lumière. Je suis une bête, un nègre. Mais je puis être sauvé. Vous êtes de faux nègres... J'entre au vrai royaume des enfants de Cham... J'inventai la couleur des voyelles... Je réglai la forme et le mouvement de chaque consonne et, avec des rythmes instinctifs, je me flattai d'inventer un verbe poétique accessible, un jour ou l'autre, à tous les sens. Je réservais la traduction. » Ce texte de Rimbaud est d'une importance capitale. D'autant qu'il proclame, avec son art poétique, l'esthétique du XXᵉ siècle, qui n'est rien d'autre que l'esthétique négro-africaine, qu'il s'agisse de poésie ou de musique, d'art plastique ou de danse. Cette esthétique qu'au chapitre 3 j'ai définie : « une image ou un ensemble d'images analogiques, mélodieuses et rythmées ».

Je voudrais en rappeler les éléments majeurs en partant des lignes que voilà d'*Une saison en enfer*. Ce n'est pas hasard si la thèse de doctorat de Jean-Claude Blachère est intitulée *le Modèle nègre* [1]. Celui-

---

1. Nouvelles Éditions africaines, Dakar.

ci, qui a enseigné à l'Université de Dakar, a voulu, par ce titre, désigner la poésie la plus moderne : la poésie surréaliste, qui, partie de Paris, a gagné les cinq continents.

Puisqu'il s'agit des « enfants de Cham », comme le dit Rimbaud, le premier élément de cette esthétique est la musique, plus exactement, la mélodie des vers ou des versets, c'est-à-dire des allitérations, assonances et autres paronomases. Toutes choses que Rimbaud désigne par des expressions telles que « la couleur des voyelles » et « la forme et le mouvement de chaque consonne ». Quant au second élément, le rythme, composé de répétitions qui ne se répètent pas, comme j'aime à le dire, Rimbaud l'a désigné comme participant des « rythmes instinctifs » africains. Restent, me fera-t-on observer, les images analogiques ou symboliques. Je répondrai que cette analogie symbolique est le substrat même d'*Une saison en enfer,* qu'elle sous-tend et éclaire à la fois dans tous les sens parce que par tous les sens.

Pour revenir à Paul Claudel, qui, après Rimbaud et plus que Rimbaud, m'a influencé en me faisant retourner aux sources de la Négritude, je renvoie le lecteur à la communication que j'ai faite en 1972, au Congrès international de Brangues [1]. J'y montre comment, par-delà la philosophie de la *co-naissance,* l'esthétique, mieux, la *poïétique* de Claudel rejoint

1. Nouvelles Éditions africaines, Dakar, 1973.

celle des Négro-Africains, voire des Négro-Américains. Rappelons-nous comment, dans *le Soulier de
satin,* une « rumba du temps » rythme l'ouverture en
l'*enchantant,* au sens étymologique du mot. Et plus
tard, à la scène XI de la Première Journée, c'est la
négresse Jobarbara qui danse, Grâce noire, et chante
toute nue au clair de lune. Dans ses poèmes comme
dans ses drames, Paul Claudel, après Arthur Rimbaud, revient à l'esthétique de la parole négro-
africaine, et d'abord à la multivalence dynamique,
parce que spirituelle, de ses images. Parce qu'il en est
ainsi, on rencontre rarement des comparaisons, mais
presque toujours des métaphores, métonymies et
autres catachrèses.

Puisque j'ai parlé souvent des « répétitions qui ne
se répètent pas », on trouvera, dans les poèmes de
Claudel, à côté des inversions, des anacoluthes ou
ruptures de construction. C'est par là que je quitterai
Paul Claudel en le regrettant, comme la poésie tendre
et douloureuse, rythmée et brisée, obscure, mais si
bleue, aérienne de mon Royaume d'Enfance. Je le
quitterai par une anacoluthe de ses *Muses :*

> *Mais quand il fait entendre sa voix, lui-
> même,*
> *Quand l'homme est, à la fois, l'instrument et
> l'archet,*
> *Et que l'animal raisonnable résonne dans la
> modulation de son cri,*

Ô phrase de l'alto juste et fort, Ô soupir de la forêt
Hercynienne, ô trompettes sur l'Adriatique!

Cette « phrase de l'alto juste », que j'ai soulignée
avec les autres, je l'ai souvent entendue chanter, mais
dans les poèmes négro-africains. Il n'est que de relire
le chapitre 3 de ce *Ce que je crois*, intitulé « De la
Négritude ». Vous y trouverez, comme chez Claudel,
comme chez Rimbaud, les trois caractéristiques de la
poésie négro-africaine : « des images analogiques,
mélodieuses et rythmées », sans oublier les anacoluthes.

Il n'empêche, plus que Claudel, qui, à travers
Rimbaud, a surtout retenu l'inspiration, ce sont les
poètes surréalistes qui ont subi l'influence de la poésie
négro-africaine. Avant de revenir sur la thèse de
Blachère, je voudrais signaler que les trois plus grands
poètes, je ne dis pas théoriciens, du Surréalisme sont,
par ordre d'importance, Paul Eluard, André Breton et
Philippe Soupault. Et ce n'est pas hasard s'ils sont,
tous les trois, d'origine normande. En effet, Breton est
né à Tinchebray, dans l'Orne. En ce qui concerne
Eluard, Luc Decaunes, son gendre, a écrit que ses
grands-parents étaient « des paysans normands ».
Quant à Soupault, ce nom se rencontre fréquemment
en Normandie. Cette *normandité* de nos trois poètes
n'est pas sans importance : d'après la *Prospective*,
dont le fondateur, Gaston Berger, était un métis
franco-sénégalais, les deux classes des *Introvertis* et

des *Fluctuants* se rapprochent tout en s'opposant. Elles sont, l'une et l'autre, caractérisées par une sensibilité riche et profonde. Rappelons-le cependant, tandis que les Introvertis, c'est-à-dire les Germains et autres Nordiques, ont des réactions contrôlées et lentes, les Fluctuants, très précisément les peuples du Sud, singulièrement les Africains, ont des réactions rapides, explosives. Cette longue parenthèse pour expliquer l'amitié d'André Breton et d'Aimé Césaire, mais aussi mes relations cordiales d'antan avec Philippe Soupault. Si nous allons au fond du problème, ce qui nous séduit, les uns chez les autres, ce fut toujours le lyrisme, lucide au Nord, trouble au Sud, mais toujours poétique.

Cela dit, il faut rendre à César ce qui est à César, et à certains poètes surréalistes un juste hommage. C'est le cas de Guillaume Apollinaire, de Blaise Cendrars et de Tristan Tzara. Je passerai rapidement sur les deux premiers. Apollinaire s'est surtout intéressé à l'*Art nègre,* à l'art plastique, sur lequel je reviendrai après la poésie. Quant à Cendrars, il s'est intéressé plus particulièrement à la poésie et, par-delà, à « la haute spiritualité qui est la marque transcendante de l'âme nègre ». On ne saurait mieux dire. Reste Tristan Tzara qui, plus que tout autre écrivain de langue française, a, au début du XXe siècle, découvert, vécu et fait vivre en Europe, principalement en France, « le Modèle nègre ». Et ce n'est pas hasard si son fils a épousé une de mes nièces.

Or donc, celui-ci (de son vrai nom Samuel Rosenstock) était né en Roumanie, en 1896, où il fit de brillantes études, surtout dans les langues vivantes. C'est là que, dès 1912, à l'âge de seize ans, il fonda une revue à laquelle il donna le nom de *Symbolul,* « Symbole ». Ce titre est d'autant plus significatif que le jeune homme avait, en Walt Whitman, mais surtout en Rimbaud, un modèle parfait de poète symboliste, et moderne. Et c'est de ce dernier qu'il apprit le dégoût des valeurs bourgeoises et l'amour de ce que nous devions appeler, plus tard, la *Négritude.* C'est en 1915 que Tzara arrive à Zurich où, parallèlement à ses études, il continuera à lire les expressionnistes allemands et, déjà, les poètes nègres. C'est alors qu'il lança le mouvement Dada, devenu le Dadaïsme, d'où naîtra, plus tard, à Paris, le Surréalisme.

En quoi consiste le Dadaïsme? C'est un triple mouvement de révolte, philosophique, morale et artistique. Rejetant les valeurs bourgeoises de l'Europe, plus exactement, de l'Euramérique, il se réfère aux valeurs nègres, qu'elles soient d'Afrique, d'Océanie, ou d'Amérique, et il les appelle des « négreries ». Certains critiques, superficiels, ont prétendu que c'était là « un agglomérat d'idées confuses ». A lire Tzara, mais surtout ses *Vingt-Cinq Poèmes,* je ne le crois pas. Les « soirées nègres » ou les « soirées Dada » ne doivent pas nous tromper. Surtout pas celles organisées à Paris,

à partir de 1920, date à laquelle Tzara y émigra.
Bien sûr, on vit s'exprimer, ici, un certain esprit
parisien, fait de fantaisie et d'humour. Celui-ci,
malgré tout, ne cachait pas l'essentiel qu'ont bien
perçu les trois grands poètes surréalistes que j'ai
désignés plus haut : André Breton, Paul Eluard et
Philippe Soupault, sans oublier Aragon.

C'est le moment d'analyser la nouveauté de leur
style en commençant, encore une fois, par Tristan
Tzara. Pour celui-ci, ce qu'apporte essentiellement la
culture noire, c'est-à-dire la poésie et les arts plastiques, la musique et la danse nègres, c'est une riche
sensibilité, et spontanée parce qu'instinctive, mais
humaine parce que mystique. En d'autres termes,
c'est, pour Tristan Tzara et les surréalistes, une
symbiose de l'âme et du corps, une expression de
l'âme par le corps ou, mieux, une expression surréaliste de l'âme. Dès lors, on ne s'étonnera pas que,
dans les années 1930, les ‹ étudiants nègres › que
nous nous proclamions, que nous étions, Césaire et
moi, Damas et Alioune Diop, aient reconnu la
négritude dans le style surréaliste de Tzara et de ses
compagnons. Ici, la ‹ parataxe ›, c'est-à-dire la juxtaposition ou la coordination, remplace la syntaxe, et
la mélodie est faite ‹ des bruits et des sons › de la
nature. Le lecteur aura reconnu, dans la ‹ parataxe ›,
les parallélismes asymétriques. Quant aux bruits et
sons que Tzara tire des ‹ poèmes nègres ›, et qu'il
appelle la ‹ poésie phonétique ›, ce sont les allitéra-

tions, assonances et autres onomatopées des poèmes négro-africains et océaniens que nous avons vues au chapitre 3.

A bien réfléchir, non seulement l'Europe, mais encore l'Amérique et les autres parties du monde vivent encore, du moins en poésie, sur le « modèle nègre ». J'ai dit, plus haut et en passant, les influences américaines et allemandes qui s'étaient exercées sur Tzara, les dadaïstes et les surréalistes dans les années 1920-1930. Il aurait fallu insister sur les premières en n'oubliant surtout pas, avec la danse, la poésie et la musique négro-américaines, si proches encore de celles de l'Afrique Mère. C'est le lieu de rappeler qu'avec la Traite des Nègres, l'Afrique noire, avait déjà apporté à l'Amérique le plain-chant, la polyphonie et la danse nègres. A cette influence de l'Afrique sur le monde, singulièrement dans le domaine de la poésie, il faut ajouter les arts plastiques.

Si je voulais faire comme me l'ont appris mes professeurs de Première supérieure au lycée Louis-le-Grand, il me faudrait parler, ici, des arts plastiques et de l'École de Paris avant de le faire pour la Civilisation de l'Universel. Je préfère parler, dès maintenant, de celle-ci. Ce qui me permettra de mieux faire comprendre le Cubisme. Nous l'avons dit plus haut, Tristan Tzara, qui, parmi d'autres langues, parlait l'anglais et l'allemand, a subi, plus que toute autre influence, celle de l'*Expressionnisme* allemand, qui fut le premier mouvement culturel européen à se

référer à la plastique nègre. Cela m'a d'autant moins
étonné que c'est l'ethnologue et philosophe allemand
Leo Frobenius qui a le plus influencé l'école francophone de la Négritude. A cette inspiration germanique — nous avons dit pourquoi — s'ajoute celle du
Futurisme italien de Marinetti, qui assimile la culture
noire à la force vitale. Malgré tout et paradoxalement,
le poids des États-Unis d'Amérique, en particulier de
la *Négro-Renaissance,* ne fut pas le moindre. Je pense
à Claude Mac Kay, à Langston Hughes, que j'ai
connu, et à la pléiade des grands poètes négro-
américains, sans oublier le professeur W.E.B. du
Bois.

Or donc, les arts plastiques, loin d'être négligés par
les dadaïstes, furent bien, après la poésie, leur second
objet d'attention; le rôle que joua auprès d'eux le
peintre Francis Picabia en témoigne. C'est surtout
celui-ci qui assura la liaison entre Paris, Zurich et
New York, mais aussi entre les poètes, les peintres et
les sculpteurs. Pour m'arrêter à ceux-ci, les soirées
nègres de Paris firent sans doute leur place à la
musique et à la danse nègres, on le sait, mais aussi
aux arts plastiques, grâce aux collectionneurs
qu'étaient Paul Guillaume et Daniel Kahnveiler,
mais aussi le poète allemand Hugo Ball, qui se
référait à Leo Frobenius. C'est dire qu'il est temps, en
généralisant le débat, comme l'avait fait la Révolution
de 1889, de passer de la poésie aux arts plastiques, en
n'oubliant ni la musique ni la danse.

* ***

S'agissant des arts plastiques, de la musique et la danse, curieusement j'ai été mieux placé. Dans les années 1930, quand j'étais un jeune professeur au lycée Descartes de Tours, je passais souvent mes week-ends et petites vacances à Paris. Et j'y fréquentais, plus que les poètes et autres écrivains, les artistes de l'École de Paris ou, si l'on préfère, du *Cubisme.* C'étaient, le plus souvent, de jeunes artistes et peu connus. Des étrangers au demeurant, comme Pedro Florès, un Espagnol, qui a illustré *Chants d'Ombre,* mon premier recueil de poèmes. Nous siégions au Café de Flore, sur le boulevard Saint-Germain. J'y apercevais, parfois, Jean-Paul Sartre. Comme la majorité étaient des Méditerranéens — Italiens, Portugais, Roumains, mais surtout Espagnols — parfois l'un d'eux proposait : « Et si on montait chez Picasso?... » Celui-ci habitait tout près, à deux ou trois rues de là.

Je me rappelle encore Pablo Picasso me conduisant amicalement à la porte, comme je prenais congé de lui, et me disant, les yeux dans les yeux : « Il nous faut rester des sauvages. » Et moi de répondre : « Il nous faut rester des nègres. » Et il éclate de rire. C'est que nous nous étions compris. En effet, les artistes de Paris l'ont reconnu, le Cubisme ou l'École de Paris s'est inspiré, avant tout, de l'*Art négro-africain*. Ce n'est pas hasard si cette école d'art s'est développée à Paris et en même temps que le Surréalisme. Et si c'est Tristan Tzara, encore lui, qui l'a le mieux définie dans son livre sur Picasso. « Dans les œuvres de celui-ci, précise-t-il, les éléments apparents, les solides, sont coordonnés dans l'intention d'enlever, à la surface plane de la toile, la tricherie consistant à faire croire qu'elle possède une profondeur réelle. » En d'autres termes, les effets de perspective sont supprimés. Et si le résultat en est, comme dans les poèmes nègres et surréalistes, une émotion intense du spectateur ou de l'auditeur, c'est qu'on a touché les cordes sensibles de l'homme et, par-delà, son âme mystique.

Quant à l'Afrique Mère, si les actuels peintres sénégalais de l'École de Dakar ont obtenu un tel succès, non seulement en Europe, mais encore et surtout aux États-Unis d'Amérique, c'est qu'ils sont restés fidèles à l'esthétique négro-africaine des « images analogiques, mélodieuses et rythmées ». Une fois encore, comme me le disait André Malraux, à l'inauguration, à Dakar, du Premier Festival mondial des Arts nègres : « Vous avez, ici, au Sénégal, cinq ou six artistes qui sont aussi grands que les plus grands artistes européens. » Je pense à Ibou Diouf et à Papa Ibra Tall, à Bokar Diong et à El Hadj Sy. Il reste que ces peintres, s'ils suppriment les effets de perspective, c'est pour jouer sur la couleur, les couleurs, comme dans cette tapisserie de Papa Ibra Tall que j'ai dans ma maison de Dakar et où j'ai compté jusqu'à dix couleurs ou teintes.

Pour revenir à l'École de Paris, ce sont encore des peintres comme Pierre Soulages et Maria Elena Vieira da Silva qui la représentent encore le mieux aujourd'hui. Il se trouve précisément que les deux peintres que voilà ont illustré, parmi d'autres, mes *Élégies majeures,* et que je les connais bien. Pour illustrer ces élégies où, plus que dans les autres poèmes, j'ai voulu m'exprimer en nègre, même, surtout en pleurant la mort d'un ami cher entre tous, comme Georges Pompidou, il fallait ces artistes. Pierre Soulages, le Méditerranéen, est allé, en remontant le temps, chercher auprès du « Bonhomme des Cyclades », pour parler comme Malraux, cette écriture, je dis cette peinture tectonique. Et, en caractères stricts, rythmés, magiques, il a fixé le destin. Et si, dans tel tableau, il laisse comme une distraction peu géométrique – une pointe, une mèche, etc. –, c'est que cet accessoire était un élément essentiel de l'art nègre. Quant à Maria Elena Vieira da Silva, la Portugaise, c'est en retrouvant son ibéritude, son intuition, qu'elle nous donne, pour pleurer Georges Pompidou, je ne dis pas des figures, je dis des images nostalgiques. Et elles sont en rouge, en gris, en noir bien sûr, couleurs de la douleur. Elles sont aussi en bleu. Bleu de la tristesse, bleu des *blues,* cependant bleu de la sérénité, de la paix qu'on chantera au Paradis.

Ces deux artistes sont exemplaires. Et c'est en ce sens qu'ils ont retrouvé, dans sa pureté, parce que dans son authenticité humaine, l'esthétique négro-africaine, telle que, encore une fois, je l'ai définie : « une image ou un ensemble d'images analogiques, mélodieuses et rythmées ». Rien n'incarne mieux ce modèle que le masque baoulé que je garde précieusement dans ma maison. C'est une tête de bois noir qui représente la déesse Lune. C'est une tête de femme. Et au-dessus, à l'horizontale, une lune sous forme d'une courbe. Puis, au-delà du front courbe, d'autres courbes qui s'avancent jusqu'au niveau des lèvres avec des pointes acajou. Et tout est courbe dans ce visage harmonieux, tout est lune dans cette déesse : le front, les yeux, les paupières, la bouche et les lèvres, les joues et le menton.

Je ne voudrais pas en terminer avec les arts plastiques sans parler de la nouvelle école de Saint-Laurent-du-Pont, près de Grenoble, qui complète celle de Paris. Son promoteur, Marc Pessin, s'est donné comme but l'illustration des poèmes. Mais c'est, par-delà les formes géométriques, pour jouer sur les couleurs, plus exactement sur l'intensité, plus ou moins grande, de la lumière, comme le faisaient, le font toujours, des peintres comme Soulages et Vieira da Silva. D'un mot, dans un monde de formes géométriques, de sphères, de traits, de lignes, etc., Pessin découpe, ajoure, orne les poèmes en les gravant sur des plaques de métal. C'est ainsi que le graveur traduit, en la renforçant, leur résonance *poïétique,* magique.

J'aurai garde de n'oublier ni la musique, ni le chant, ni la danse du XXᵉ siècle. Ce sont ces domaines qui, plus que tout autre et contrairement aux apparences, portent la marque du XXᵉ siècle et de l'Afrique en même temps. Il nous faut, d'abord, reconnaître, dans le plain-chant et la polyphonie, des apports majeurs de l'Afrique. Quand, après la découverte de l'Amérique, des Négro-Africains y furent déportés par millions en quelque trois siècles, ils emmenèrent avec eux le plain-chant et la polyphonie, que d'ailleurs l'on retrouve dans les *blues* et les *negro spirituals,* sous la forme d'un plain-chant polyphonique.

Il est vrai que certains historiens voient, dans le plain-chant de l'Église catholique et dans la polyphonie, des apports arabes à l'Andalousie, et à travers celle-ci, à l'Europe blanche. C'est là, parmi d'autres, un des nombreux faits de civilisation que l'on a dérobés à l'Afrique Mère. Contre ces détournements, il y a que, comme on le sait, le chant des Sémites nomades était monotone parce que monodique. Et si les Arabes sont arrivés en Andalousie avec, parmi d'autres richesses, le plain-chant et la polyphonie, c'est qu'ils les avaient empruntés aux Africains, voire, auparavant, aux Noirs qui peuplaient le Sud de l'Asie quand les nomades sémites y sont arrivés au IVᵉ millénaire avant notre ère. Et les peuples de l' ‹ Arabie heureuse › de la Reine de Saba, au sud de la Péninsule, chantent encore un plain-chant polyphonique.

Outre le fait majeur que voilà, il y a cet autre fait qu'aujourd'hui, au XXe siècle et toujours dans le domaine de la musique et du chant, c'est toujours l'Afrique, et par le détour de l'Amérique, qui apporte le plus. Il s'agit, on le devine, du *jazz.* Hugues Panassié, dans le *Dictionnaire du Jazz,* définit le mot comme « la musique des Noirs des États-Unis d'Amérique ». Et il la caractérise, cette musique nouvelle, par les trois faits que voici : 1. le *swing,* qui est la puissance du rythme; 2. l'adaptation technique des instruments de musique à la voix noire, c'est-à-dire à ses inflexions et contrastes, sans oublier son vibrato, plus rapide; 3. le style mélodique plus riche, et plus sensuel. Tout cela mérite explication, et c'est Maurice Béjart, le danseur et chorégraphe, qui nous la fournira.

Le premier point à retenir, c'est que Béjart est le fils du métis Gaston Berger, né à Saint-Louis du Sénégal, en 1896. Celui-ci reniait d'autant moins ses origines que, directeur de l'Enseignement supérieur en France, et arrivé au Sénégal en pleine grève des étudiants, il leur rappela : « Je suis né à Saint-Louis. Ma grand-mère était une femme noire de Gorée. » Au chapitre 2, nous avons parlé de biologie, spécifiquement de caractérologie. En partant de là, Gaston Berger a créé la *Prospective,* cette nouvelle science qui, entre autres, distingue et rapproche en même temps, par leur sensibilité, les peuples du Nord et du Sud, les Germains, mais aussi les Slaves, et les Négro-Africains, sinon les Méditerranéens. Les uns et les autres ont certes une sensibilité riche et profonde. Mais, tandis que celle-ci s'exprime lentement et modérément au nord, la réaction est, au Sud, immédiate et explosive.

C'est en restant fidèle à la pensée, mais surtout à l'âme de son père, que Béjart a créé une danse nouvelle, mais, et c'est ce qui fait sa valeur, à l'échelle de l'Universel.

Je commencerai par ce dernier aspect. Né à Marseille, en 1927, Maurice-Jean Berger, après son baccalauréat, entre dans le corps de ballet de l'Opéra de Marseille, où il prend le nom de Béjart, tout en poursuivant ses études à l'Université. Cependant, comme la plupart des jeunes qui se sentent une ambition, mieux, une vocation, Maurice Béjart monte à Paris, où il sera marqué par les ballets de Roland Petit et Serge Lifar. On sait la suite et comment il deviendra directeur des Ballets de l'Étoile et, en 1960, des Ballets du XXᵉ siècle à Bruxelles, précisément au Théâtre royal de la Monnaie. J'ai l'impression que, s'il a quitté Paris pour Bruxelles, ce n'est pas qu'il ne se sentît, malgré tout, français ; c'est qu'il se sentait, avant tout, un métis, dont la vocation, comme l'écrit Antoine Livio, était de travailler à la réalisation de la Civilisation de l'Universel chère à Pierre Teilhard de Chardin.

Rien ne le prouve mieux que la diversité des

festivals auxquels participent ses ballets, la variété des pays, des régions de l'Europe où ils se rendent, enfin, les différences complémentaires des musiques sur lesquelles ils dansent. Sans oublier qu'avec Maurice Béjart, l'harmonie du corps de ballet provient précisément de la diversité des pays, mais surtout des races qui le composent. On y trouve, bien sûr, des Blancs, mais aussi des Noirs, voire des Jaunes et, naturellement, des métis, en commençant par Béjart lui-même, qui est fier de réaliser ainsi l'harmonie dans la diversité.

Qu'il s'agisse des festivals, mais surtout des musiciens, ou des danseurs – je songe à Nijinski –, Béjart n'a oublié rien d'essentiel. Et, s'il fait souvent appel à la germanité ou à la « slavitude », comme nous disions au Quartier latin, Béjart n'oublie aucune grande civilisation. Il n'oublie pas, en dehors de la France, les autres Latins, surtout pas les Ibères, ni les Latino-Américains, ses voyages en Espagne et au Mexique en sont la preuve.

Cela dit, qu'apporte de neuf Béjart avec ses Ballets du XXe siècle? La modernité, bien sûr, comme le laisse entendre ce titre. Mais encore? C'est ici qu'il nous faut écouter Béjart. Il a écrit, dans son carnet de notes : « La danse est de la musique visuelle. » Et se référant à « l'être humain primitif » – l'adjectif n'a, pour lui, aucun sens péjoratif –, il précise : « Probablement les deux sont nés ensemble. » Il est significatif que le chorégraphe, sans faire aucun complexe, ni ethnique, ni national, proclame l'égalité, mais solidaire, de la danse et de la musique. C'est la raison pour laquelle, sans mépriser le folklore, tout au contraire, il fait surtout appel aux plus grands musiciens du monde, et de préférence à leur musique scénique. Je ne citerai, ici, que quelques-unes des grandes œuvres qu'il a fait danser. Ce sont, parmi d'autres, le ballet d'Igor Stravinski, intitulé *le Sacre du printemps, la Neuvième Symphonie* de Ludwig van Beethoven et *la Damnation de Faust,* une légende dramatique d'Hector Berlioz.

Le génie de Maurice Béjart ne réside pas moins dans la variété de son inspiration – des œuvres, des auteurs ou des danseurs qu'il choisit – que dans l'originalité, et l'authenticité en même temps, de sa danse. Tout d'abord, il a mis de côté l'attirail de la danse classique, avec son tutu et ses chiffons frou-froutants, pour lui substituer le corps nu. Et sans doute a-t-il pensé à ces corps nus, grands, élancés et noirs, tels qu'on les voit sous le soleil de l'Afrique soudano-sahélienne, quand il a adopté le collant ou le maillot pour ses danseurs et danseuses. C'est que celui-ci, loin de les cacher ou seulement de les atténuer, souligne les lignes, en courbes longues, des corps humains qui dansent, qui aiment, qui prient, qui se perdent dans la beauté de l'amour.

Mais qu'est-ce, en définitive, que la danse? La danse d'un ballet, d'une symphonie, d'un opéra, fût-il comique? C'est ici surtout qu'il faut écouter

Béjart. Ce n'est pas hasard si celui-ci chercha l'origine, et le modèle de la danse dans l'art populaire, le folklore. S'il a une prédilection pour « les fameux ballets de l'Amérique latine, des compagnies orientales, des troupes russes... des danseurs noirs », c'est qu'il y voit des sources d'inspiration. Or donc, pour Maurice Béjart, ce qui, avant tout, caractérise la danse, c'est le rythme. Non pas le rythme mécanique, monotone d'une pendule, mais un rythme vivant, fait, encore une fois, de répétitions qui ne se répètent pas. Pour tout dire, un rythme strié de contretemps et de syncopes.

Reste le reproche d'érotisme qu'on a souvent fait à notre chorégraphe. La vérité est qu'il n'a jamais nié la sensualité de son rythme; il l'a seulement expliquée en la faisant dériver de la sensibilité qui anime toute vraie danse comme toute création artistique au sens étymologique du mot « poésie ». C'est pourquoi il explique : « La danse est amour. » C'est que par amour, il entend cette union qui, par-delà deux forces spirituelles, fait la symbiose de deux âmes. En résumé, il s'agit, dans la danse, comme le dit Paul Claudel dans son *Art poétique,* d'une sensibilité analogique, qui crée les métaphores et autres images d'un monde spirituel. Au demeurant, ce sont les peuples les plus sensibles qui sont, en même temps, les plus sentimentaux, voire les plus mystiques, comme les Africains et les Indiens d'Asie. Il est vrai qu'ici et là, en Afrique comme en Inde, sans oublier les USA, il y a un substrat noir.

C'est le moment de revenir, pour en terminer avec la danse, sur la musique. Béjart ajoute, au rythme de la danse, fait de syncopes et de contretemps, comme celui de la musique, ce qu'il appelle, dans celle-ci, la « polytonalité ». On le devine, il s'agit de cette *polyphonie* qui est, avec le plain-chant, une des inventions musicales de l'Afrique Mère. Et il est naturel que les adversaires de Béjart y voient un des traits de ce qu'ils appellent son « érotisme ». Dans la polyphonie africaine et, partant, *jazzienne,* les consonances ou accompagnements ne sont pas, comme en Europe, souvenons-nous, à l'octave, à la quinte et à la quarte, mais à l'octave, à la quinte et, notons-le, à la tierce. Mais pourquoi à la tierce? C'est, simplement, que celle-ci, fille de l'instinct, est plus sensible, voire plus sensuelle, c'est-à-dire plus mystique : le contraire de l'érotisme.

Il est temps de conclure mon *Ce que je crois.* Je le ferai d'un mot, en réaffirmant ma foi en la *Civilisation de l'Universel,* à laquelle je consacre le peu d'années qui me restent à vivre. Dans ce dernier chapitre, j'ai essayé de montrer quelques-uns de ses principaux artisans. Je songe aux Gréco-Romains et aux Sémites, sans oublier, naturellement, les Français, ni les Nègres, qu'ils soient Africains ou Américains. Quant aux grands hommes, j'ai rappelé, aux XIXe et XXe siècles, les rôles de philosophes comme Henri Bergson, de poètes comme Arthur Rimbaud, de peintres comme Pablo Picasso et Maria Elena Vieira da Silva, de chorégraphes comme Maurice Béjart.

Qu'on se rassure, je n'oublie pas les Germains, les « grands Barbares blancs », comme on nous l'apprenait à l'école française. Ce sont eux qui, valeureux guerriers descendus du Grand Nord, à partir des IIIe-IXe siècles de notre ère, finirent par s'imposer en Europe, où ils jouèrent un rôle de premier plan. Aujourd'hui précisément, en ce XXe siècle de la Civilisation de l'Universel, c'est eux qui sont, non pas les adversaires, mais les plus grands concurrents des Latins, singulièrement des Français.

Qu'on en juge seulement par les faits que voici. Quand, dans les années 1970, j'ai été fait docteur *honoris causa* de Harvard, la doyenne des universités américaines, le recteur m'a appris que, depuis la fin de la Seconde Guerre mondiale, ce sont les étudiants en grec qui avaient augmenté le plus vite. Et comme je lui demandais les causes de ce phénomène, il me répondit : « Nous avons remarqué que ce sont les étudiants en grec, les hellénistes, qui avaient le mieux développé leur imagination. Ce sont eux qui font les meilleurs *businessmen*. » Il y a mieux : depuis que les Français parlent de « Francophonie » et sont en train de réaliser un métissage culturel exemplaire, le nombre des lycéens et étudiants qui se sont mis au français augmente rapidement aux USA. C'est ce que m'a appris, l'an dernier, à Miami, le consul général de France. C'est précisément à l' « Université internationale de Miami », en Floride, que les Américains, découvrant, enfin, la Négritude, ont organisé, l'an dernier, un grand « Congrès international sur la Négritude ». Et ils ont envoyé, en France, un professeur noir de cette université pour nous inviter personnellement, Aimé Césaire et moi. *Last but not least,* comme ils disent, ce professeur, Carlos Moore, d'origine haïtienne, vient de m'écrire. Il nous propose, pour célébrer dignement le bicentenaire de la Révolution française de 1789, qui a aboli l'esclavage des Noirs, de venir le faire aux États-Unis d'Amérique.

On devine ma réponse à la française. Des statistiques américaines, parmi les plus sérieuses, nous prédisent que, dans une génération, les Latino-Américains, qui représentent actuellement 30 % de la population des USA, seront la majorité, sans même parler des Négro-Américains, qui sont de 12 à 15 % aujourd'hui. Les Américains seront alors, biologiquement et culturellement, une nation modèle parce que métisse. Ils auront réalisé, comme nous le souhaitons dans la Francophonie, non pas le *Modèle nègre,* mais mieux, l'*Humanisme de l'Universel.*

C'est dire qu'au Troisième Sommet de la Francophonie, qui se tiendra à Dakar, en mars 1989, les

chefs d'État devront donner à l'Organisation son
cadre politique. C'est ce qu'a suggéré, à Québec, la
délégation de l'Académie française. Je préciserai : sa
Constitution, à la française, encore une fois, parce qu'à
l'échelle de l'Universel.

TABLE

Cet ouvrage a été réalisé sur
Système Cameron
par la SOCIÉTÉ NOUVELLE FIRMIN-DIDOT
Mesnil-sur-l'Estrée
pour le compte des Éditions Grasset
le 7 octobre 1988

Imprimé en France
Dépôt légal : octobre 1988
Nᵒ d'édition : 7743 – Nᵒ d'impression : 9771
ISBN : 2-246-24941-4
ISSM : 0768-231-X